거장들의 시크릿 06

코코 샤넬

The Secret of Maestros

코코 샤넬

아름답고 당당하게
세상과 마주 보라

글 김미애 | 그림 심춘숙

살림어린이

프롤로그

아름답고 당당하게 세상과 마주 보라
코코 샤넬

　　　　코코 샤넬은 이십 세기 세계 패션계를 장악한 신화와도 같은 인물이에요. 누구도 생각하지 못한 창의적이고 개성 넘치는 디자인으로 수많은 사람들의 사랑을 한 몸에 받았지요.

　코코 샤넬은 아무것도 없이 맨손으로 시작해서 유럽은 물론 미국까지 '샤넬 스타일'을 유행시켰어요. 그리고 모든 사람이 인정하는 디자이너가 된 뒤에도 늘 직접 옷을 만들었어요. 작업실에 모델을 세워 놓고, 치마 주름을 잡거나 솔기를 손질했지요. 그럴 때, 코코 샤넬은 새 옷을 입고서도 바닥에 무릎 꿇기를 서슴지 않았어요.

　코코 샤넬은 끊임없이 새로운 시도를 했어요. 남자 속옷에나 쓰던 저지 옷감으로 만든 드레스와 향수 '샤넬 넘버 5', 인조 보석이 달린 액세서리까지……. 코코 샤넬은 고정관념을 깨는 독특한 발상으로 번번이 세상을 놀라게 했어요.

　남들은 일흔 살이 넘으면 은퇴를 하지만, 코코 샤넬은 오히려 당당하게 복귀

해 다시금 패션계를 지배하기도 했지요. 전쟁 때문에 십오 년이나 일을 쉬었지만, 최고의 자리는 여전히 코코 샤넬 것이었어요.

코코 샤넬은 자신이 좋아하는 일에 모든 것을 바쳤어요. 가족과 사랑하는 사람을 잃고, 일을 쉬는 동안에도 패션을 사랑하는 마음은 한결같았지요. 그리고 패션을 향한 그 열정은 코코 샤넬이 앞으로 나아가고, 새로 도전할 수 있는 든든한 힘이 되었어요.

이 책을 읽는 여러분도 모든 순간마다 열정을 가지고, 창조적인 생각을 하도록 노력해 보아요. 지금 꾸고 있는 꿈이 현실로 성큼 다가올 테니까요.

차례

1 고아원에 버려지다 • 8
  시크릿 포인트 : 일찍부터 미래를 준비하라 • 26

2 새로운 이름, '코코' • 28
  시크릿 포인트 : 진짜 좋아하는 것을 찾아라 • 44

3 파리에 자리 잡다 • 46
  시크릿 포인트 : 끊임없이 도전하고 부딪쳐라 • 60

4 여자들을 위한 자유로운 옷 • 62
  시크릿 포인트 : 고정관념을 깨뜨려라 • 82

5 유행은 코코 샤넬로부터 온다 • 84
  시크릿 포인트 : 늘 창조적으로 생각하라 • 98

6 처음으로 겪은 실패 • 100
시크릿 포인트 : 때로는 포기할 줄도 알아 • 116

7 경쟁 디자이너들을 따돌리다 • 118
시크릿 포인트 : 용기 있게 변화를 받아들여라 • 136

8 십오 년 동안의 긴 휴식 • 138
시크릿 포인트 : 행동에 따른 결과를 책임져라 • 152

9 화려하게 복귀하다 • 154
시크릿 포인트 : 마지막까지 자신을 믿어라 • 168

10 아름다운 마지막 모습 • 170
시크릿 포인트 : 뜨거운 열정을 가져라 • 182

1 고아원에 버려지다

고아원에서 학교를 다니는 아이들과
집에서 학교에 다니는 아이들은 옷부터 전혀 달랐다.
'옷 따위로 사람을 차별하다니. 똑같이 수업을 들으면 뭐 해?
한 교실에서도 옷으로 부자와 가난뱅이를 가르면서.'
자존심이 강한 가브리엘 샤넬은 심한 굴욕감을 느꼈다.

"엉엉, 엄마!"

어린 막냇동생이 울음을 터뜨렸다. 그러자 여기저기서 따라 훌쩍이는 소리가 들렸다.

가브리엘 샤넬은 어머니가 누워 있는 관이 묘지에 묻히는 것을 멍한 얼굴로 바라보았다. 봄을 앞둔 이월이었지만, 날씨는 아직도 겨울 같았다. 매우 춥고 을씨년스러웠다.

장례식에 온 사람들이 가브리엘 샤넬과 막냇동생을 곁눈질하며 수군거렸다.

"아이들 아버지는 오지 않았나 보군."

"너무해요. 부인 장례식인데도 오지 않다니."

"아이들만 불쌍하지. 쯧쯧."

가브리엘 샤넬은 손으로 귀를 틀어막았다. 사람들이 아버지 험담을 하는 것이 듣기 싫었다.

'우리 아버지는 분명히 중요한 볼일을 보고 있을 거야.'

가브리엘 샤넬은 마음속으로 중얼거렸다.

뒤늦게 아내가 죽었다는 소식을 들은 아버지가 깜짝 놀라서 어쩔 줄을 몰랐다.

"아이들 엄마가 죽었다고? 다섯 명이나 되는 애들을 두고? 맙소사! 나 혼자서는 이 어린것들을 다 키울 수 없어."

아버지는 허겁지겁 할아버지한테 달려갔다.

"아버지, 애들 엄마가 죽었어요. 저는 어떻게 해야 좋을지 모르겠어요. 우선 우리 애들 좀 봐 주세요."

그러자 할아버지가 매몰차게 대답했다.

"말도 안 되는 소리 하지 말아라. 이제 너도 정신 차리고 살아야지. 어미가 없으면 아비가 아이들을 돌보는 게 당연한 거야. 게다가 나는 내 아이만도 열아홉 명이다. 손자 녀석들까지 돌볼 시간도, 돈도 없으니 네가 알아서 해라."

아버지는 고개를 푹 숙이고 집으로 돌아왔다. 그리고 다음 날부터

는 친척들을 만나서 아이들을 맡아 달라고 부탁했다. 하지만 어느 누구도 부탁을 들어주지 않았다. 아버지는 고민에 빠졌다.

"다섯 명이나 되는 아이들 뒤치다꺼리를 나보고 하라고? 말도 안 돼. 나는 타고난 방랑자라고. 집에만 있으면 좀이 쑤셔서 살 수가 없단 말이야."

아버지는 머리를 쥐어뜯었다. 그러다가 무릎을 탁 쳤다.

'그렇군. 그 방법이 있었어.'

며칠 뒤, 가브리엘 샤넬은 육중한 *수도원 문 앞에 서 있었다. 언니 쥘리앙 샤넬과 동생 앙투와네트 샤넬도 함께였다. 아버지가 세 딸을 수도원에서 운영하는 고아원에 집어넣고, 두 아들을 가난한 농가에 입양시킨 것이었다.

'내가 버림받다니, 그럴 리가 없어. 아빠는 반드시 우리를 데리러 올 거야.'

가브리엘 샤넬은 세차게 도리질을 쳤다.

수도원 안은 정갈하고 아름다웠다. 커다란 나무들이 정원 양쪽으로 늘어서 있고, 회양목으로 둘러싸인 잔디밭이 단정하게 손질되어 있었

---

* **수도원** | 수사나 수녀가 공동생활을 하면서 수행하는 곳.

다. 수도원 마당을 가로지르며 흐르는 샘물 소리는 잔잔한 노랫소리 같았다.

"우아!"

쥘리앙과 앙투와네트가 작게 탄성을 질렀다.

하지만 가브리엘 샤넬은 숨이 턱 막혔다.

'꼭 감옥이 이런 모습일 거야.'

가브리엘 샤넬은 높이 둘러친 담과 꽉 막힌 사방을 둘러보며 이마를 찌푸렸다.

"얘들아, 나를 따라오너라."

나이 지긋한 수녀가 말했다.

"우리 수도원은 역사와 전통이 깊은 곳이란다. 수도원에서 운영하는 고아원과 학교도 마찬가지야. 이곳에서는 정숙하고 단정한 여자들이 갖추어야 할 모든 것을 가르친단다. 다투거나 규칙을 어기는 일 따위는 절대 안 돼."

수녀가 걸음을 멈추었다.

"자, 이곳이 너희가 지낼 곳이다."

수녀는 기다란 복도를 따라 달린 미닫이문을 조심스레 밀었다. 복도만큼 좁고 긴 방에 침대 열 개가 다닥다닥 붙어 있었다.

"*점호는 밤 아홉 시니까 그때까지 잘 준비를 마쳐야 한다. 절대 늦으면 안 돼."

말을 마친 수녀는 세 자매를 두고 돌아갔다.

'이제부터 여기서 지내야 한다고? 이 숨 막히는 좁은 방에서 열 명이나 되는 아이들이랑 같이?'

가브리엘 샤넬은 정신이 아득했다. 방은 깔끔하고 단정했지만, 메마르고 생기가 없어 보였다. 꼭 말라 죽은 나무 같았다.

밤 아홉 시, 점호가 끝나고 불이 꺼졌다. 사방은 이내 고요하고 깜깜해졌다. 처음부터 빛과 소리가 없던 세상 같았다.

가브리엘 샤넬은 몸을 뒤척였다.

'끼이익.'

날카로운 소리가 정적을 깨뜨렸다. 가브리엘 샤넬은 소리 나는 쪽으로 가만히 고개를 돌렸다.

"앗!"

가브리엘 샤넬은 숨이 멎는 것 같았다. 미닫이문에 달린 구멍으로 무언가 반짝였다. 가브리엘 샤넬은 그것이 무엇인지 바로 알아차렸다.

---

* **점호** | 한 사람씩 이름을 불러서 인원이 맞는가를 알아봄.

아까 방을 안내해 준 수녀의 눈이었다.

'맙소사! 잠자는 시간도 감시를 하다니.'

가브리엘 샤넬은 절대로 이곳이 좋아질 것 같지 않다고 생각했다.

그러던 어느 날이었다. 샤넬 자매에게 커다란 소포가 배달되었다. 아버지가 보낸 소포였다.

가브리엘 샤넬은 급하게 포장을 뜯었다. 상자에는 하늘하늘한 레이스로 장식한 분홍색 원피스와 장미 화관을 비롯해서 여자 아이들이 좋아할 만한 것들이 가득했다.

가브리엘 샤넬 얼굴에 오랜만에 웃음이 번졌다. 또래 아이들이 우르르 몰려들었다.

"우리 아빠가 보내 준 거야. 너무 예쁘지 않니?"

가브리엘 샤넬은 원피스를 들어 보이며 어깨를 으쓱했다.

"흥, 그래 봤자야. 어차피 고아원에 있는 주제에……. 그리고 아버지가 있는데 고아원에서 지내는 것도 이상해."

한 아이가 빈정거렸다.

가브리엘 샤넬은 얼굴이 벌겋게 달아올랐다. 하지만 이내 표정을 바꾸고 말했다.

"바빠서 그래. 우리 아빠는 큰 사업을 하고 계시거든. 아주 커다란 포도 농장에서 포도주를 만들어서 외국으로 수출해. 농장이 너무 멀어 데려갈 수 없지만, 곧 우리를 데리러 오실 거야. 지금은 아주 바쁠 때거든. 이렇게 작은 마을까지 올 시간이 없다고."
아이들이 뿔뿔이 흩어지자 쥘리앙이 걱정스레 말했다.
"가브리엘, 그렇게 거짓말을 하면 안 돼."
"그럼 나더러 엄마가 죽고, 아빠가 우리를 고아원에 보냈다는 사실을 말하라는 거야? 싫어. 그럼 애들이 우리를 불쌍하다고 생각할 게 뻔하니까. 그리고 이웃 마을에 포도주를 파는 거랑 이웃 나라에 파는 거랑 뭐가 달라? 그게 그거라고."
가브리엘 샤넬이 팽 돌아섰다.
수업 종이 울렸다. 바느질 시간이었다.
"오늘은 수건 가장자리를 접어 *감침질을 할 거예요. 내가 하는 걸 잘 보고 따라 하세요."
수녀가 수건을 들어 천천히 꿰매기 시작했다. 다른 아이들은 열심히 따라 했지만 가브리엘 샤넬은 하품이 나고, 몸이 배배 꼬였다.
'치, 이런 바느질 따위를 배워서 무엇에 쓰라는 거야?'

---

* **감침질** | 옷감 가장자리나 솔기를 실올이 풀리지 않게 용수철이 감긴 모양으로 감아 꿰매는 것.

투덜거리며 수녀가 하는 대로 따라 해 보았지만, 쉽지 않았다.
"아얏!"
가브리엘 샤넬은 자꾸 바늘에 손가락을 찔렸다.
"언니, 좀 조심해. 집중이 안 되잖아."
앙투아네트가 투덜거렸다.
"이까짓 바느질이 뭐가 대단하다고 난리야?"
가브리엘 샤넬은 저도 모르게 꽥 소리를 질렀다. 그 소리에 교실에 있던 아이들이 모두 가브리엘 샤넬을 쳐다보았다.
"가브리엘! 오늘 저녁은 없다."
수녀가 차갑고 딱딱한 목소리로 말했다.
"또 가브리엘이야. 고아원에 있는 애."
"쟤는 왜 학교에 오나 몰라?"
여기저기서 수군대는 소리가 들렸다. 가브리엘 샤넬은 종종 밥을 굶거나 반성문을 쓰는 벌을 받았다. 수녀들 대화를 몰래 엿듣거나 또래들과 다투는 일이 많기 때문이었다.
아이들은 가브리엘 샤넬을 '골칫덩어리 가브리엘'이라고 불렀다.
하지만 가브리엘 샤넬은 아랑곳하지 않았다.
'마음대로 떠들어. 나는 너희들하고 달라!'

밥을 굶는 벌을 받고, 침대 모서리에 앉아 있는 가브리엘 샤넬에게 아드리엔이 다가왔다. 아드리엔은 한 살 어린 친척으로 수도원에서 운영하는 학교에 다녔다.

아드리엔이 저녁 식사로 나온 빵 한 조각을 내밀었다.

"가브리엘, 너무 실망하지 마. 바느질은 열심히 노력하면 금방 잘하게 될 거야."

가브리엘 샤넬은 아드리엔이 입고 있는 옷에 자꾸 눈이 갔다. 비싼 천으로 세련되게 만든 맞춤복이었다. 가브리엘 샤넬은 제 치맛자락을 만지작거렸다. 품도 길이도 똑같은 *기성복인데다 대량으로 마구 찍어 댄, 또래보다 마른 편인 가브리엘 샤넬이 입기에는 너무 큰 옷이었다.

고아원에서 학교를 다니는 아이들과 집에서 학교에 다니는 아이들은 옷부터 전혀 달랐다.

'옷 따위로 사람을 차별하다니. 똑같이 수업을 들으면 뭐 해? 한 교실에서도 옷으로 부자와 가난뱅이를 가르면서.'

자존심이 강한 가브리엘 샤넬은 심한 *굴욕감을 느꼈다.

---

* **기성복** | 일정한 기준 치수에 맞추어서 미리 지어 놓고 파는 옷.
* **굴욕감** | 업신여김을 받아 부끄러운 느낌.

"가브리엘! 며칠만 참아. 이제 곧 방학이잖아. 그럼 루이즈 고모 집에 가서 실컷 놀자."

아드리엔이 가브리엘 샤넬을 위로했다.

루이즈 고모네 집은 바렌에 있었다. 바렌은 작은 마을로 무척 한적했다. 딱히 볼거리도 없고, 놀러 갈 만한 곳도 없었다. 하지만 가브리엘 샤넬은 상관하지 않았다. 밤마다 점호를 하지 않아도 되고, 지루한 수업을 듣지 않아도 되고, 딱딱하고 엄격한 수녀들이 없기 때문이었다.

가브리엘 샤넬은 주로 아드리엔과 놀았지만, 때때로 루이즈 고모를 따라다니며 집안일을 도왔다.

"가브리엘, 이것 좀 잡아 주겠니?"

루이즈 고모가 모자에 달 장식을 내밀었다.

"수도원에서도 바느질을 배우지?"

"네. 하지만 수건 가장자리를 접어 감치거나, 이불 꿰매는 것 같이 시시하고 재미없는 것뿐이에요. 저는 바느질이 싫어요. 별로 필요한 것 같지도 않고요."

가브리엘 샤넬은 입술을 샐쭉거렸다.

"시시하고 재미없어도 꾸준히 하는 건 중요하단다. 언젠가는 써먹을 날이 꼭 올 테니까. 그때 가서는 후회해도 소용없지. 무엇이든 기회가 닿으면 열심히 배워 두렴."

루이즈 고모가 능숙한 손놀림으로 모자를 꿰매 장식을 달았.

무척 특이하고 예쁜 모자였다.

"예쁘다. 이런 모자는 처음 봐요."

"호호, 나도 처음에는 수건 만드는 것부터 했단다."

루이즈 고모가 웃으며 말했다.

'바느질도 꽤나 흥미로운걸?'

가브리엘 샤넬은 모자를 만지작거리며 생각했다.

방학이 끝나고 수도원으로 돌아온 가브리엘 샤넬은 조금씩 바느질에 재미를 붙였다. 여전히 바늘에 손가락을 찔렸지만, 옷감을 만지고 있으면 전과 다르게 신이 났다. 가브리엘 샤넬은 콧노래를 부르며 바느질을 했다.

"가브리엘, 수업 시간에는 조용히 해야지. 여자는 정숙해야 하는 법이다. 친구들 보기 부끄럽지도 않니? 수업 끝나고 반성문을 써 오도록 해."

"저는 기분이 좋아서 노래를 불렀을 뿐이에요."

가브리엘 샤넬이 수녀를 올려다보았다.

"나는 버릇없이 말대답하는 걸 가르친 적이 없다. 오늘 저녁은 굶도록 해라."

가브리엘 샤넬은 잔뜩 화가 났다. 그리고 날마다 수도원에서 나가는 것을 상상했다. 가브리엘 샤넬은 규칙을 강요하는 갑갑한 수도원 분위기를 참을 수가 없었다.

'나는 인형이 아니야. 남들과 똑같이 생각하고 움직이는 건 싫어!'

가브리엘 샤넬은 더 이상 수도원 생활을 견딜 수 없었다.

어느 날, 수업이 끝나고 가브리엘 샤넬은 조용히 아드리엔에게 속삭였다.

"아드리엔, 나 오늘 밤 수도원을 탈출할 거야. 같이 가자."

아드리엔은 깜짝 놀라 되물었다.

"수도원을 탈출하겠다고? 여길 나가서 뭘 어쩌려고. 세워 둔 계획이 있는 거야?"

"아니. 하지만 꼭 여기서 나가고 말 거야."

그날 밤, 가브리엘 샤넬은 아드리엔과 함께 높은 수도원 담장을 넘었다. 하지만 그뿐이었다. 열여덟 살 가브리엘 샤넬이 할 수 있는 일은 하나도 없었다.

며칠도 채 지나지 않아 돈이 떨어진 가브리엘 샤넬과 아드리엔은, 루이즈 고모 집으로 갈 수밖에 없었다.

"맙소사! 수도원에서 도망을 치다니. 이런 말썽쟁이들 같으니. 너희들 정말 큰일 나겠구나. 또 도망치면 가만두지 않을 거야. 다시는 제멋대로 굴지 마라!"

가브리엘 샤넬과 아드리엔은 결국 루이즈 고모 손에 이끌려 물랭에 있는 '노트르담 기숙학교'에 들어갔다.

노트르담 기숙학교도 수도원과 크게 다르지 않았다. 하지만 가브리엘 샤넬은 꾹 참았다.

'두 번 다시 똑같은 실수는 하지 않아.'

가브리엘 샤넬은 마음을 굳게 먹었다. 그리고 학교를 벗어나고 싶은 만큼 더 열심히 공부했다.

그로부터 이 년이 지나고, 스무 살이 된 가브리엘 샤넬은 당당하게 노트르담 기숙학교를 걸어 나왔다. 교문에서 멀어질수록 발걸음은 점점 더 빨라졌다.

마침내 물랭 중심가에 다다른 가브리엘 샤넬은 어깨를 활짝 펴고, 시내를 바라보았다. 그리고 숨을 깊이 들이마셨다.

"바쁘게 움직이는 사람들과 저 사람들이 일으키는 상쾌한 바람을 좀 봐. 바로 이거야. 이게 정말 살아 있는 느낌이라고! 여기가 바로 내가 있을 곳이야."

그 말에 대답이라도 하듯 바람이 더 시원하게 불어왔다.

시크릿 포인트 1
Secret Point

일찍부터 미래를 준비하라

따분하고 지루한 공부 때문에 인상을 찌푸려 본 적이 있지요? '이런 것을 왜 해야 한담?' 하고 투덜대기도 했을 거예요. 지금 당장 써먹지도 못하는데 힘들게 해야 할 필요가 없다는 생각이 들지요. 하지만 조금만 더 생각해 보아요. 예전에 쓸모없다고 버린 물건이 어느 순간 필요해서 곤란할 때가 있잖아요. 그것처럼 당장 필요 없다고 밀쳐 두었던 일들이 어느 순간 써먹어야 할 때가 오곤 해요. 그것은 내가 좋아하는 일일 수도 있고 아닐 수도 있어요.

물론 '닥쳐서 준비하면 되지.', '배우면 되지.' 라고 생각할 수도 있어요. 하지만 그때는 이미 늦고 말지요.

가브리엘 샤넬은 처음에는 공부와 바느질이 재미없어서 시큰둥했지만, 곧 마음을

 고쳐먹었지요. 배우고 노력하지 않으면 아무것도 할 수 없다는 것을 깨달았거든요.
　대부분 사람들은 처음부터 잘하지 못해요. 가브리엘 샤넬처럼 말이에요. 하기 싫어도 하는 것, 재미없어도 배우는 것, 그리고 열심히 노력하는 것은 우리가 미래에 만날 수많은 일들 가운데 하나를 준비하는 것이지요.
　좋은 기회는 누구한테나 와요. 그것을 잡느냐 못 잡느냐 하는 것은 지금 여러분이 미래를 위해 얼마나 노력하느냐에 달려 있어요. 아무리 좋은 기회가 와도 내가 받아들일 준비가 되어 있지 않으면 소용없으니까요.
　때때로 공부가 지루할 수 있어요. 또 운동이 힘들고, 피아노 치는 것이 재미없을 때도 있지요. 하지만 꾹 참고 꾸준히 노력해 보아요. 그러면 어느 날 불쑥 다가온 멋진 기회를 꼭 잡을 수 있을 거예요.

2 새로운 이름, '코코'

가브리엘 샤넬이 부른 노래에는 모두 '코코'가 들어갔다.
얼마 지나지 않아 사람들은 가브리엘 샤넬을 코코라고 부르기 시작했다.
가브리엘 샤넬은 그 이름이 마음에 들었다.
그리고 자신을 '코코 샤넬'이라 부르기로 했다.

"야호!"

가브리엘 샤넬과 아드리엔이 손뼉을 마주쳤다.

"여기가 바로 '생트 마리'야."

"그래, 우리가 처음으로 일을 시작할 곳!"

가브리엘 샤넬은 망설임 없이 생트 마리 *양장점 문을 열고 들어갔다. 그리고 큰 소리로 인사를 했다.

"안녕하세요? 노트르담 기숙학교 소개로 왔습니다. 열심히 하겠습니다."

---

* **양장점** | 여자 옷을 만들어 파는 가게.

"흠, 당돌한 아이로구나. 손님을 대할 때는 좀 더 공손해야 돼. 그리고 활짝 웃도록 해."

뚱뚱한 여자가 가브리엘 샤넬 얼굴을 가리키며 손가락으로 반원을 그렸다.

"참, 나는 여기 주인이란다. 그랑페이르 부인이라고 부르렴."

그때 가게 문에 달린 종이 딸랑 울렸다.

그랑페이르 부인은 잽싸게 달려가 손님을 맞았다.

"어서 오세요. 백작 부인. 매번 우리 생트 마리 양장점을 찾아 주셔서 영광이에요."

그랑페이르 부인이 연신 굽실거렸다. 백작 부인은 거만하게 목을 곧추세웠다.

"윗도리를 받아 드릴게요."

눈치 빠른 아드리엔이 먼저 나섰다. 그 모습을 지켜본 그랑페이르 부인은 흡족한 듯 웃었다.

백작 부인이 돌아가자 그랑페이르 부인이 콧소리를 내며 말했다.

"가브리엘, 백작 부인이 고른 드레스를 줄이렴. 실수하면 안 돼. 백작 부인은 까다롭거든. 아드리엔, 오늘 아주 잘 했어. 우리 상점에는 지체 높은 분들이 많이 오신단다. 얼마나 멋진 일이니? 그러니까

너도 *자긍심을 가지고 일하렴."

가브리엘 샤넬과 아드리엔은 가게에서 옷을 팔거나 주문을 받고, 때때로 *수선도 했다. 하루하루가 정신없이 지나갔다.

"아드리엔, 가브리엘! 수고했어. 이제 정리하고 방으로 올라가렴. 밖에 나갈 생각은 하지 마. 젊은 여자가 밤늦도록 길거리를 돌아다니는 건 정말 꼴불견이니까. 알았지?"

그랑페이르 부인이 가게를 나서면서 말했다.

"또 잔소리야."

가브리엘 샤넬이 작은 목소리로 투덜거렸다.

그러고는 가게 위층에 딸린 작은 방으로 터벅터벅 올라갔다.

침대 위에 털썩 몸을 던지며 가브리엘 샤넬은 한숨을 쉬었다.

"일일이 간섭받으면서 사는 건 이제 지긋지긋해. 나는 어엿한 성인이라고. 벌써 스물한 살인걸!"

"그랑페이르 부인은 우리가 걱정이 되어서 그런 걸 거야."

아드리엔이 말했다.

가브리엘 샤넬은 침대에 누운 채 꼼짝도 하지 않았다. 그러다가 갑

---

* **자긍심** | 스스로를 자랑스럽게 여기는 마음.
* **수선** | 낡거나 헌 물건을 고치는 것.

자기 벌떡 일어났다.

"나는 여기서 나가서 독립할 거야. 멋지지 않아?"

아드리엔이 말릴 새도 없이 가브리엘 샤넬은 문을 박차고 나갔다.

가브리엘 샤넬은 결정도 빨랐지만, 행동은 훨씬 더 빨랐다. 그날 밤, 강변 근처에 있는 풍쟁게 거리에 방을 구한 것이다. 하지만 기쁨은 잠시뿐이었다. 독립생활은 가브리엘 샤넬이 생각한 것만큼 멋지지 않았다.

"가브리엘, 방세가 만만치 않아. 이러다가는 굶어 죽겠어."

아드리엔이 걱정스레 말했다.

"다 수가 있을 거야. 살아 있으면 어떻게든 되겠지."

가브리엘 샤넬은 씩 웃었다.

그러던 어느 날, 그랑페이르 부인이 잠시 가게를 비운 오후였다. 자주 옷을 맞추러 오던 손님이 가브리엘 샤넬을 찾아왔다.

"드레스를 한 벌 부탁하고 싶은데……."

손님이 말끝을 흐렸다.

영리한 가브리엘 샤넬은 손님이 무슨 생각을 하고 있는지 바로 알아차렸다. 하지만 일부러 모르는 척했다. 그러자 머뭇거리던 손님이 속마음을 털어놓았다.

"생트 마리 옷은 예쁘긴 한데 값이 너무 비싸거든요. 그래서 당신한테 옷을 주문하고 싶어요. 물론 그랑페이르 부인 모르게요."

"죄송합니다. 그건 안 돼요."

가브리엘 샤넬은 정중하게 거절했다.

"부탁해요. 당신 솜씨가 아깝잖아요. 여기서는 기껏해야 수선밖에 못하죠? 당신은 옷을 만들 수 있어서 좋고, 나는 싸게 옷을 살 수 있으니 좋잖아요."

가브리엘 샤넬은 한참 동안 망설이다 허락했다. 방세를 벌기 위해서는 어쩔 수 없었다.

가브리엘 샤넬이 만든 옷은 생트 마리 양장점 옷만큼 훌륭했다. 손님은 한 명에서 두 명, 두 명에서 세 명으로 늘어났다. 퐁쟁게 거리에 있는 작고 낡은 집은 밤마다 손님으로 북적거렸다.

"어휴, 힘들어. 손님이 이렇게 많을 줄 몰랐어."

가브리엘 샤넬이 벌렁 드러누우며 말했다.

"그러게. 벌써 한 달째 *재봉틀만 돌렸어. 손끝이 아릿해."

아드리엔이 가브리엘 샤넬 눈앞에 대고 빨개진 손가락을 흔들었다.

---

* **재봉틀** | 바느질을 하는 기계.

"나가자!"

갑자기 가브리엘 샤넬은 아드리엔 손을 덥석 잡았다.

두 사람은 광장을 지나 카페와 뮤직홀이 즐비한 중심가로 들어섰다. 그리고 그 가운데 하나인 '로통드 뮤직홀' 문을 밀었다. 문을 열자 뜨거운 열기가 얼굴로 번져 왔다.

가브리엘 샤넬은 정장을 말쑥하게 차려입은 젊은이들 사이에 아무렇지도 않은 듯 자리를 잡았다. 그리고 단정하게 틀어 올린 까만 머리를 살짝 숙이며 말했다.

"정말 멋진 곳이군요."

가브리엘 샤넬은 가문과 직업이 쟁쟁한 사람들 속에서 전혀 주눅 들지 않았다. 오히려 당당하고 도도한 모습으로 눈길을 끌었다. 큰 눈은 호기심으로 반짝거렸고, 야무진 입은 재치 있는 농담을 쏟아 냈다.

사람들은 아름답고 개성이 넘치는 가브리엘 샤넬과 한마디라도 하려고 애를 썼다. 가브리엘 샤넬은 사람들이 자기에게 보내는 관심이 싫지 않았다. 오히려 잠깐씩 사람들 시선이 무대를 향할 때면 기분이 언짢았다.

박수와 환호를 받으며 무대에 오른 가수가 우아하게 인사를 했다. 가브리엘 샤넬은 가수를 뚫어져라 쳐다보았다. 화려한 의상과 조명과 사람들이 보내는 환호까지 모두 갖고 싶었다.

'많은 사람들이 나를 쳐다보는 건 정말 멋진 일이야.'

가브리엘 샤넬은 생각했다. 그리고 결심했다.

"아드리엔, 나는 평생 바느질만 하며 살고 싶지는 않아. 좀 더 특별한 걸 원해. 이를테면 저 가수처럼 말이야."

아드리엔은 눈이 휘둥그레졌다.

"가브리엘, 신중하게 생각해. 사람들이 천박하다고 손가락질할지도 몰라."

"상관없어. 나는 사람들한테 주목받고, 인정받고 싶어."

가브리엘 샤넬은 성큼성큼 뮤직홀 지배인에게 다가갔다. 그리고 자신 있게 말했다.

"가수가 되고 싶어요."

지배인은 놀란 눈치였다. 하지만 곧 가브리엘 샤넬이 손님들 사이에서 인기가 많다는 것을 떠올렸다.

"좋아요. 하지만 처음부터 당신에게 무대를 다 맡길 수는 없어요. 가수가 쉴 때, 잠깐씩 부르는 것부터 해 봐요."

"네, 고마워요."

며칠 뒤, 가브리엘 샤넬은 멋지게 첫 무대를 마쳤다.

'나는 불쌍한 코코를 잃어버렸어요. 사랑스러운 내 강아지 코코.'

가브리엘 샤넬이 노래를 마치자 우레 같은 박수가 터져 나왔다.

여기저기서 한 번 더 노래해 달라는 청이 들어왔다.

가브리엘 샤넬이 부른 노래에는 모두 '코코'가 들어갔다. 얼마 지나지 않아 사람들은 가브리엘 샤넬을 코코라고 부르기 시작했다. 가브리엘 샤넬은 그 이름이 마음에 들었다. 그리고 자신을 '코코 샤넬'이라 부르기로 했다.

코코 샤넬은 나날이 인기가 치솟았다.

'로통드 뮤직홀에서 노래 부르는 아름다운 여가수 코코!'

'매력적인 외모와 목소리를 가진 코코!'

코코 샤넬이 가수가 되었다는 소문은 마침내 그랑페이르 부인 귀에까지 들어갔다.

"가브리엘! 아니, 이제는 코코라고 불러야 하나?"

그랑페이르 부인은 화난 얼굴로 입을 열었다.

"생트 마리는 점잖고 품위 있는 상점이야. 지체 높은 귀족들을 상대하는 곳이라고. 그런데 점원이 천박한 *밤무대 가수라니, 정말 기가 찰 노릇이지 뭐야? 너희 두 사람은 해고야. 당장 나가!"

그랑페이르 부인이 고래고래 소리를 질렀다.

코코 샤넬은 담담하게 가게를 나왔다. 하지만 아드리엔은 안절부절못했다.

"코코, 우리는 일자리를 잃었어. 이제 어쩌지?"

"걱정하지 마. 우리한테는 단골 손님들이 있잖아."

코코 샤넬이 환하게 웃었다.

코코 샤넬과 아드리엔이 사는 작고 낡은 집은 여전히 손님으로 북적거렸다.

"역시 가브리엘 솜씨는 최고예요."

"가격도 싸고, 디자인도 정말 예뻐요."

손님들은 칭찬을 아끼지 않았다.

---

* **밤무대** | 밤에 영업을 하는 가게에서 공연하는 무대.

생활은 조금씩 안정되어 갔다. 로통드 뮤직홀에서도 하루가 다르게 인기가 치솟았다. 하지만 코코 샤넬은 만족하지 못했다.

"아드리엔, 나는 더 큰 세상으로 나가고 싶어. 비시로 갈 거야."

"코코, 비시는 파리에 버금가는 큰 도시야. 절대 쉽지 않을걸?"

"알아. 하지만 물랭은 너무 좁아. 내 꿈을 펼치려면 비시가 딱이야."

코코 샤넬은 망설이는 아드리엔을 설득했다. 그리고 함께 비시로 향했다.

두 사람은 한껏 차려입고, 비시 중심가에 있는 뮤직홀을 찾았다.

"흠, 막대기처럼 깡마른 몸으로 가수를 하겠다고? 됐소. 가서 식당 설거지나 알아보시오."

"그 목소리로 노래를 부르겠다고? 목소리에 힘도 없고, 너무 얇군."

물랭에서와는 달리 코코 샤넬은 번번이 퇴짜를 맞았다. 결국 코코 샤넬은 춤과 노래를 배우기 시작했다. 하지만 헛수고였다.

"코코, 나는 더 못 버티겠어. 벌써 석 달째야. 이제 돈도 바닥났어. 나는 돌아갈 거야."

아드리엔이 지갑을 흔들었다. 마지막 남은 동전 몇 개가 짤랑거렸다. 물랭에서 사귄 장교 에티엔 발장도 코코 샤넬을 설득했다.

"코코, 물랭으로 돌아갑시다."

코코 샤넬은 떨어지지 않는 발걸음을 억지로 돌렸다. 발장은 의기소침한 코코 샤넬을 자기 별장으로 초대했다. 너른 초원과 숲이 딸려 있는 별장이었다.

코코 샤넬은 화려한 사교계 사람들과 즐겁게 어울렸다. 하지만 즐거움은 오래가지 않았다.

'나는 지금 여기서 무얼 하고 있는 걸까?'

코코 샤넬은 우울한 기분으로 말을 탔다. 길게 뻗은 나뭇가지에 걸려 모자가 나뒹굴었다.

"승마에 이렇게 화려한 모자라니. 우스꽝스럽군!"

코코 샤넬은 모자에 달린 장식을 모두 떼어 내고, 리본을 달았다. 유행하는 모양과는 많이 달랐지만, 독특한 매력이 있었다. 그 모자를 본 부인들은 큰 관심을 보였다.

"코코! 이걸 직접 만들었어요?"

"나도 하나 부탁해요. 단순하지만 정말 세련된 모자네요."

부인들이 너도나도 모자를 만들어 달라고 청했다. 코코 샤넬은 오랜만에 생기를 되찾았다. 하지만 그때뿐이었다.

'한심해! 친구 집에 얹혀살면서 놀고 있다니. 이렇게 형편없는 모습을 보면 아드리엔도 비웃을 게 틀림없어.'

생기 없는 코코 샤넬을 보고, 발장이 물었다.

"코코, 이곳에서는 노래를 부르지 않아도 되고, 일을 하지 않아도 돼요. 그런데 왜 그렇게 풀이 죽어 있는 거요?"

그 말을 듣는 순간, 코코 샤넬은 정신이 번쩍 났다.

"그래요, 이제 알았어요. 나는 일이 하고 싶어요. 이곳에 와서 가장 즐거웠던 순간은 부인들에게 모자를 만들어 줄 때였어요. 나는 모자를 만들고 싶어요. 도와주겠어요?"

코코 샤넬은 들뜬 목소리로 물었다.

"일이라고? 너무 엉뚱하군. 돈은 내게도 충분히 있소. 코코는 그냥 쓰기만 하면 돼요. 일은 당신을 지치게 할 뿐이오."

"나를 지치게 하는 건 놀고먹는 거예요. 이제야 내가 진짜 하고 싶은 일을 찾았어요. 망설이지 않아요."

그길로 코코 샤넬은 짐을 싸 들고, 발장의 별장에서 나왔다.

시크릿
포인트
Secret Point 2

진짜 좋아하는 것을 찾아라

아는 것은 아주 중요해요. 알아야 무엇이든 할 수 있으니까요. 그리고 좋아하는 것은 더 중요하지요. 여기에 좋아하는 일을 즐기며 하는 것은 금상첨화예요. 즐겁지가 않으면 오래 하기 힘드니까요. 하지만 먼저 스스로가 무엇을 좋아하는지 찾아야겠지요.

좋아하는 것은 모두 달라요. 내가 진심으로 무엇을 좋아하는지 찾아내는 것도 쉬운 일은 아니에요. 많은 일을 해 보고, 부딪

치다 보면, 때로는 실패도 겪게 되지요.

　코코 샤넬은 따분하고 우울한 날들 속에서 진지하게 고민했어요. 그리고 자신이 정말 좋아하는 일을 찾아냈지요. 코코 샤넬은 사람들한테 모자를 만들어 줄 때가 가장 행복하고 기뻤다는 것을 기억해 냈어요. 무언가를 디자인하고 만드는 것을 좋아한다는 것을 깨달은 거예요.

　무작정 열심히 하는 것이 자전거를 타고 가는 거라면, 좋아하는 일을 열심히 하는 것은 자전거에 엔진을 단 것과 같아요. 그만큼 오래 할 수 있고, 빨리 목표를 이룰 수 있지요. 물론 때때로 잘 안 될 수도 있고, 실패를 할 수도 있어요. 하지만 그것은 곧 내가 갈 길을 찾는 과정이니까 절대로 실망하거나 좌절할 필요는 없어요.

　여러분이 좋아하는 일이 어느 날 불쑥 다가오지는 않아요. 진심으로 좋아하는 일을 찾으려면 많은 일을 경험해 보고, 부딪쳐 봐야 한다는 것을 잊지 마요.

3 파리에 자리 잡다

의상실 앞에 간판이 내걸렸다.
모자 사업을 시작하고, 꼭 일 년 만이었다.
'지금부터가 진짜야. 한 계단씩 모두 밟아 올라갈 거야.
파리뿐만 아니라 전 세계가 나를 인정하는 날까지!'
코코 샤넬은 가슴이 뭉클했다.

　　　　　　코코 샤넬은 모자 디자이너가 되기로 마음을 먹고 무작정 파리로 갔다. 1909년, 봄을 맞은 파리는 싱그러운 공기로 가득했다.

　코코 샤넬은 가슴이 기분 좋게 뛰었다.

　하지만 잠시뿐이었다. 그동안 저축했던 돈을 비시에서 모두 날린 코코 샤넬은 곧 앞길이 막막해졌다.

　'마음을 굳게 먹어야 돼. 일단 결정했으면 밀고 나가는 거야.'

　코코 샤넬은 마음을 다잡았다. 그리고 내키지는 않았지만, 발장을 찾아갔다.

　"나한테 당신이 가지고 있는 빈 아파트를 빌려 줘요. 월세는 꼬박꼬

박 내겠어요."

코코 샤넬이 말했다.

"빌려 주는 거야 어렵지 않지만, 나는 당신을 이해할 수 없군. 그렇게 일이 하고 싶소?"

발장은 의아해하면서도 선뜻 아파트를 빌려 주었다.

"나는 꼭 성공할 거야. 그리고 발장에게 신세진 것을 다 갚아 줄 테야."

코코 샤넬은 두 주먹을 불끈 쥐었다.

파리에 도착한 이튿날부터 코코 샤넬은 곳곳에 있는 의상실을 들락거렸다. 그리고 손님이 많은 의상실을 눈여겨보았다.

때때로 길가는 사람을 잡고, 무턱대고 묻는 것도 서슴지 않았다.

"파리에서 가장 솜씨가 좋은 의상실이 어디죠?"

"실례합니다, 부인. 입고 계신 옷이 참 아름답네요. 어디서 사셨는지 여쭤 봐도 될까요?"

많은 사람들이 '르위스 상점'을 이야기했다.

코코 샤넬은 르위스 상점에서 재봉 *주임으로 일하는 뤼시엔 라바테

---

* **주임** | 직장이나 단체에서 어떤 일을 주로 맡아 하는 사람.

를 찾아갔다.

"뤼시엔, 당신과 함께 일하고 싶어요. 나는 맨손이에요. 아직은 가게도 없고, 친구한테 빌린 아파트가 전부예요. 하지만 누구보다 세련되고 멋진 모자를 만들 자신이 있어요. 앞으로 파리에서 가장 유명한 상점은 바로 우리 상점이 될 거예요."

코코 샤넬은 눈을 반짝이며 말했다. 코코 샤넬이 하는 말을 들은 라바테는 천천히 입을 열었다.

"나는 잘나가는 르위스 상점의 재봉 주임이에요. 굳이 모험을 할 필요가 없어요. 하지만 당신과 함께 일하고 싶군요. 당신 눈빛을 믿어 보겠어요."

라바테는 코코 샤넬에게 *압도당했다.

코코 샤넬의 강렬한 눈빛과 당당한 태도에는 사람을 끌어들이는 힘이 있었다.

코코 샤넬은 *일사천리로 일을 해 나갔다.

가장 먼저 발장에게 빌린 아파트를 작업실로 만들었다.

"드디어 파리에서 내 일을 시작하는 거야. 이제 나에게는 앞으로 나

---

* **압도** | 뛰어난 힘이나 재주로 남을 눌러 꼼짝 못하게 함.
* **일사천리** | 어떤 일이 거침없이 빨리 진행되는 것을 이르는 말.

아갈 일만 남아 있어."

코코 샤넬은 동생 앙투아네트를 불러 손님을 받게 하고, 발장의 별장에서 알게 된 부인들에게 광고를 했다. 마치 오래전부터 계획했던 것처럼 거침이 없었다.

코코 샤넬이 만든 모자는 단순하고 독특했다. 당시에 유행하던 화려한 깃털이나 꽃이나 레이스 장식은 찾아볼 수 없었다.

"신기한 모자네. 하지만 묘한 매력이 있는걸?"

"장식이 없는데도 세련되고 우아해요. 볼수록 품위 있어요."

코코 샤넬의 모자는 입 소문을 타고 빠르게 퍼져 나갔다. 파리 여자들은 너도나도 코코 샤넬이 만든 모자를 주문했다.

눈코 뜰 새 없이 바빠진 코코 샤넬은 재봉사를 두 명이나 더 썼다.

"언니, 이제 이 아파트는 너무 좁아. 잠잘 자리도 마땅치 않아. 모자를 뒤집어쓰고 잘 판이라고."

앙투아네트가 투정 섞인 목소리로 말했다.

코코 샤넬은 아파트 안을 빙 둘러보았다. 작업대와 전시장, 손님용 탁자, 여기저기 서 있는 마네킹 들로 발 디딜 틈이 없었다.

"이제 때가 됐어. 집에서 만들어 파는 건 여기까지야. 내가 만든 모자는 최고야. 마땅한 가격을 받으려면 제대로 된 가게가 필요해.

그래야 유명 디자이너들과 어깨를 견줄 수 있어."

코코 샤넬은 늘 그렇듯이 바로 실행에 옮겼다.

'지나다니는 사람이 많은 곳, 눈에 잘 띄는 곳을 찾아야 해. 성공의 반은 바로 자리에 달려 있어.'

코코 샤넬은 바쁘게 움직였다. 하지만 마음에 쏙 드는 곳을 찾을 수 없었다.

하루 종일 돌아다닌 코코 샤넬은 공원 의자에 걸터앉았다.

"자리가 좋은 곳은 너무 비싸. 지금 내가 가진 돈으로는 턱없이 부족해. 하지만 그렇다고 아무 데나 가게를 낼 수는 없어. 좋은 방법이 없을까?"

코코 샤넬은 골똘히 생각에 잠겼다.

"그래! *투자할 사람을 구하는 거야. 내가 만든 모자는 날개 돋친 듯 잘 팔리고 있으니까 분명 사람들도 관심을 보일 거야."

코코 샤넬은 가장 먼저 발장을 찾아갔다.

"발장, 내 모자 사업은 성공적이에요. 밀려드는 손님을 감당할 수가 없죠. 그래서 본격적으로 가게를 낼 계획인데 자금이 부족해요. 나

---

* **투자** | 이익을 얻기 위해 일이나 사업에 돈을 대는 것.

한테 투자를 해 보지 않겠어요?"

발장은 당황했다. 그리고 당당히 올려다보는 코코 샤넬 눈을 슬쩍 피했다.

"잠깐 취미로 하다 말 줄 알았는데 뜻밖이군. 나는 사업에 투자하고 싶지 않소. 그리고 당신과 돈거래를 하는 것은 더욱 싫소. 나는 지금처럼 우리가 친구이기를 바라오."

발장은 한 푼도 빌려 주지 않았다.

"당신은 후회할 거예요. 나는 반드시 성공할 거니까."

코코 샤넬은 투자자를 찾기 위해 *동분서주했다. 하지만 선뜻 나서는 사람이 없었다.

결국 코코 샤넬은 발장 친구인 카펠에게 조언을 구했다. 카펠은 서른 살에 사업으로 성공을 거둔 *수완이 빼어난 사람이었다.

"생각보다 투자자 찾는 것이 쉽지 않아요. 카펠, 어떻게 하는 게 좋을지 알려 줘요."

"코코, 은행에서 돈을 빌리는 건 어때요? 방법은 내가 알려 주겠소. 사업이 한창 번창하고 있으니까 괜찮을 거요."

---

* **동분서주** | 사방으로 이리저리 몹시 바쁘게 돌아다니는 모습.
* **수완** | 일을 꾸미거나 처리 나가는 재주와 솜씨.

"고마워요."

코코 샤넬은 환하게 웃었다.

"당신을 보면 내가 처음 사업을 시작할 때 같소. 나도 무작정 달려들어 앞만 보고 달렸지. 당신은 치렁치렁한 드레스를 입는 평범한 여자들과는 다르오. 정말 특별하고 멋진 여자요."

카펠이 빙그레 웃었다. 초록색 눈동자가 반짝거렸다.

카펠은 모든 일에 열정을 가지고 도전하는 아름다운 코코 샤넬을 좋아했다.

코코 샤넬도 마찬가지였다. 카펠 얼굴에서 보이는 강인함과 성공을 향한 야망이 마음에 들었다.

코코 샤넬은 카펠의 도움을 받아 은행에서 원하는 만큼 돈을 빌릴 수 있었다. 그리고 자신이 생각했던 좋은 자리에 가게를 얻었다. 모든 일이 순조롭게 풀렸다.

얼마 뒤, 코코 샤넬은 캉봉 거리 이십일 번지에 자리 잡은 커다란 의상실 앞에 서 있었다.

'샤넬 모드.'

의상실 앞에 간판이 내걸렸다. 모자 사업을 시작하고, 꼭 일 년 만이었다.

'지금부터가 진짜야. 한 계단씩 모두 밟아 올라갈 거야. 파리뿐만 아니라 전 세계가 나를 인정하는 날까지!'

코코 샤넬은 가슴이 뭉클했다.

'샤넬 모드'는 선풍적인 인기를 끌었다. 어디에서도 볼 수 없는 독특하고 세련된 모자는 파리 멋쟁이들 사이에 필수품이 되었다.

코코 샤넬과 카펠의 사랑도 조금씩 깊어 갔다.

카펠은 많은 조언과 지원을 아끼지 않았고, 아직 사업에 서툰 코코 샤넬은 기꺼이 그 조언을 받아들였다.

하지만 코코 샤넬은 종종 슬픔에 빠졌다. 카펠이 사교계 모임에 혼자 나가는 날이면 더욱 그랬다. 당시 프랑스에서는 *신분 제도가 조금씩 무너지고 있었지만, 상류층이라는 벽은 여전히 높았다.

"미안하오."

카펠은 코코 샤넬을 혼자 남겨 두고, 유명 인사와 예술가들이 모이는 모임에 나섰다.

코코 샤넬은 카펠의 뒷모습을 멍하니 바라보았다. 눈물이 맺히더니 이내 발치로 떨어졌다.

---

* **신분 제도** | 봉건 시대에 사람의 사회적인 신분이 고정된 계급 제도.

'이게 다 내가 부족하기 때문이야. 나는 가문도 재산도 보잘것없으니까 어쩔 수 없지. 하지만 사람들 앞에 당당하게 카펠의 여자 친구라고 나설 수 없다니 너무 속상해. 도대체 신분이 뭐야? 귀족도 보통 사람도 다 똑같은 사람일 뿐이잖아.'

코코 샤넬은 카펠을 진심으로 사랑했다. 그래서 더욱 슬펐다. 코코 샤넬은 온 힘을 일에 쏟기로 했다.

'너희들이 타고난 신분으로 내 위에 선다면 나는 내 능력으로 너희 위로 올라설 거야. 절대로 물러서지 않아!'

그날부터 '샤넬 모드' 작업실에는 밤늦도록 불이 꺼지지 않았다.

코코 샤넬은 직원들을 모두 보내고, 혼자 모자 디자인에 몰두하다가 종종 작업실에서 아침을 맞기도 했다.

"코코, 너무 무리하는 것 아니오? 좀 쉬어 가면서 해요."

카펠이 작업실로 들어오며 말했다.

"안 돼요. 나는 아직 패션계에 발을 들여놓지도 못한 걸요. 동네 장사나 하려고 시작한 게 아니라고요."

"그럼, 이걸 보면 좀 쉬겠소?"

카펠이 외투 안에서 잡지 「레 모드」를 꺼내 내밀었다. 「레 모드」는 파리에서 가장 인기 있는 패션 잡지였다.

코코 샤넬은 카펠이 내민 잡지를 뚫어져라 쳐다보았다. 유명한 여가수와 연극 배우들이 자기가 만든 모자를 쓰고 웃고 있었다.

"맙소사! 내가 만든 모자예요. 지금 파리 사람들이 내 모자를 보고 있다고요. '샤넬 모드'가 아니라 패션 잡지 「레 모드」에서요. 내가 해냈어요. 그렇죠?"

코코 샤넬이 환호성을 질렀다.

커다란 패션 도시 파리에서 드디어 디자이너로서 당당하게 첫발을 내딛은 것이었다.

시크릿 포인트
Secret Point 3

끝임없이
도전하고 부딪쳐라

누구나 체육 시간에 한 번쯤 뜀틀을 넘어 본 적이 있을 거예요. 뜀틀은 처음에는 낮았다가 조금씩 높아지지요. 무릎 높이에서 허리, 가슴께까지 높아지면 겁이 덜컥 날 거예요. 열심히 달려갔다가도 바로 앞에서 우뚝 멈춰 버리기 쉬워요. '내가 정말로 넘을 수 있을까?' 하는 걱정이 앞서기도 해요. 하지만 무섭고 겁이 난다고 머뭇거리면 영영 뜀틀을 넘을 수 없어요. 살아가다 보면 언제 어디서든 어렵고 힘든 일과 부딪치게 마련이에요. 그때마다 망설이고 포기하고 싶은 생각이 들지도 몰라요. 하지만 부딪치지 않으면 아무것도 할 수 없어요.

코코 샤넬은 빈손으로 모자 사업을 시작하기로 마음먹었어요. 정말 막막하고 암담한 상황이었지요. 하지만 망설이지도, 포기하지도 않았어요. 가게를 내기 위해 끊임없이 고민하고, 직접 발로 뛰어다니며 투자자를 찾았지요.

여러분도 도전하고 부딪쳐 보아요. 실패할까 봐 두려운가요? 실패하는 것은 부끄러운 게 아니에요. 실패는 성공할 수 있는 밑거름이 되니까요. 실패할까 봐 아무것도 시도하지 않는 것이 진짜 부끄러운 일이지요.

두 눈 질끈 감고 뜀틀을 향해 달려 보아요. 한 번, 두 번, 세 번, 도전하다 보면 어느새 뜀틀을 뛰어넘은 자신을 발견할 거예요.

4 여자들을 위한 자유로운 옷

"나는 여자들이 활동하기 편하고,
자유롭게 입을 수 있는 옷을 만들 거야.
고래 뼈로 허리를 조이지 않아도
여자는 충분히 아름다울 수 있다는 걸 보여 주겠어."
코코 샤넬은 새로운 옷을 만들기 시작했다.

레이스가 나풀거리는 양산을 든 여자들이 여유롭게 웃으며 도빌 해안가를 거닐었다. 도빌은 유명한 휴양 도시라는 이름값을 톡톡히 했다. 마치 파리 사교장을 옮겨 놓은 듯 한껏 치장한 여자들과 말쑥하게 차려입은 남자들로 북적거렸다.

"역시 소문대로네요. 파리에 사는 부자들은 모두 도빌로 쉬러 온 것 같아요."

코코 샤넬이 말했다.

코코 샤넬은 서른 번째 생일을 맞아 카펠과 함께 도빌에 여행을 갔던 차였다.

"코코, 이곳에서 의상실을 열면 어떻소? 투자는 내가 하겠소."

카펠이 물었다.

코코 샤넬은 눈이 휘둥그레졌다.

"왜 그러오? 내키지 않소?"

"아니요. 마침 저도 같은 생각을 하고 있었어요."

"역시 당신은 타고난 사업가야."

카펠이 호탕하게 웃었다.

"당신 안목도 대단한걸요. 투자 상대로 나를 선택한 건 정말 잘한 일이에요."

코코 샤넬은 활짝 웃으며 받아쳤다. 그러더니 갑자기 카펠을 재촉했다.

"우리 어서 가요."

"갑자기 무슨 일이오?"

"의상실을 내기로 마음먹었으면 머뭇거릴 필요가 없잖아요. 준비를 해야죠."

코코 샤넬은 눈을 빛냈다.

"코코! 당신은 판단도 빠르지만, 실천은 더 빠르군. 그런데 계획은 세운 거요?"

코코 샤넬은 대답 대신 카펠에게 팔짱을 꼈다.

'위치는 해안이랑 가까우면서 상점이 많이 모여 있는 곳이 좋겠어. 이번에는 모자뿐만 아니라 옷도 만들어야 해. 먼저 아드리엔과 앙투와네트를 부르고…….'

코코 샤넬 머릿속에서 그림처럼 사업 계획이 펼쳐졌다.

얼마 뒤, 도빌 상점 거리에 코코 샤넬이라는 이름을 건 의상실이 문을 열었다. 그야말로 눈 깜짝할 사이였다. 코코 샤넬은 파리에서 가져온 모자와 새로 디자인 한 옷을 보기 좋게 진열했다.

"코코, 당신 정말 굉장하군. 설마 이렇게 빨리 의상실을 열 거라고는 상상도 못했소."

카펠은 코코 샤넬이 일을 추진하는 모습을 보고 깜짝 놀랐다.

하지만 그것은 시작일 뿐이었다. 코코 샤넬은 끊임없이 생각하고 움직였다. 바쁜 와중에도 도빌 거리를 거닐며 여자들의 옷차림을 살펴보는 것도 잊지 않았다.

"바닷가에서 치렁치렁한 드레스를 입고, 물에 젖을까 *전전긍긍하는 꼴이라니."

코코 샤넬이 이마를 찌푸렸다.

---

* **전전긍긍** | 몹시 두려워서 벌벌 떨며 조심하는 것.

"저 여자들은 귀부인들이잖아. 옷차림은 가문과 부를 나타내니까."

아드리엔이 웃었다.

"바보 같은 짓이야. 저 여자들은 여기가 휴양지라는 사실을 잊고 있어. 저런 거추장스러운 드레스를 입으면 숨도 제대로 못 쉴 거야. 허리를 고래 뼈로 조이고 돌아다니다니 생각만 해도 답답해."

코코 샤넬은 고개를 가로저으며 말했다.

"하지만 여자들이 입을 수 있는 옷은 종류가 많지 않다는 걸 너도 알고 있잖아. 안 그래?"

아드리엔이 물었다.

"나는 여자들이 활동하기 편하고, 자유롭게 입을 수 있는 옷을 만들 거야. 고래 뼈로 허리를 조이지 않아도 여자는 충분히 아름다울 수 있다는 걸 보여 주겠어."

코코 샤넬은 새로운 옷을 만들기 시작했다.

"맙소사! 코코, 이건 *편물이잖아. 이런 옷감으로 여자 옷을 만든다고? 어림없는 일이야."

옆에서 지켜보던 아드리엔이 깜짝 놀라 소리쳤다.

---

* **편물** | 뜨개질하는 방식으로 짠 직물로 가볍고 쉽게 구겨지지 않으며 잘 늘어남.

"맞아. 편물은 멋이라고는 눈곱만큼도 없잖아. 겨우 남자들이 일할 때 입는 조끼나 목도리를 만들면 딱이라고. 아무도 편물로는 드레스를 만들지 않아."

앙투아네트가 맞장구를 쳤다.

"과연 그럴까? 두고 보면 알아."

코코 샤넬은 쑹덩쑹덩 가위질을 했다. 옷감을 자기 몸에 대고 거울을 보거나 마네킹에 둘둘 감아 보기도 했다. 어느새 옷 한 벌이 만들어졌다.

"자, 입어 봐."

코코 샤넬이 아드리엔한테 옷을 내밀었다. 반신반의하며 옷을 입은 아드리엔은 놀라움을 감추지 못했다. 앙투아네트도 마찬가지였다.

"우아! 예쁘다. 단순하면서도 세련됐어."

"코코, 너무 가볍고 편해. 꼭 안 입은 것 같아."

아드리엔이 얼굴을 붉혔다.

"무겁고 거추장스러운 옷은 딱 질색이거든. 휴양지에서조차 허리를 꽉 조이고, 교양을 떨어야 하다니……. 옷은 편하고 자유로운 게 최고야. 물론 아름다움은 기본!"

코코 샤넬이 웃으면서 말했다. 말투와 표정에서 자신감이 넘쳤다.

그 뒤로도 코코 샤넬은 독특하고 새로운 옷을 계속 만들었다.

바람을 막아 주는 모자가 달린 낚시꾼 조끼를 본뜬 윗도리를 만들거나, *마와 *실크를 가지고 치마와 블라우스를 만들기도 했다. 코코 샤넬은 가볍고 입기 편한 옷을 만드는 데 힘을 썼지만, 절대 옷맵시도 무시하지 않았다.

며칠 뒤, 새로 만든 옷을 아름답게 차려입은 코코 샤넬이 아드리엔과 앙투아네트를 보며 말했다.

"자, 준비됐지?"

"물론이야."

코코 샤넬은 자신이 만든 옷을 입은 아드리엔과 앙투아네트와 함께 의상실을 나섰다.

세 사람은 자신 있는 걸음걸이로 시내 중심가를 향했다. 그리고 한여름 더운 날씨에도 풍성하게 부풀린 드레스를 입고, 팔꿈치까지 오는 긴 장갑을 낀 여자들 사이를 누볐다.

코코 샤넬이 만든 옷은 사람들 사이에 금방 이야깃거리가 되었다. 독특한 매력을 뿜어내는 세 여자들 때문에 도빌이 들썩거렸다.

---

* **마** | 식물에서 뽑은 섬유로 짠 옷감.
* **실크** | 누에고치에서 뽑은 명주실로 짠 옷감.

"어머, 누구지?"

"희한한 옷을 입었네. 레이스 장식도 없고, 리본도 달리지 않았어."

"그래. 어쩐지 단순한데도 기품이 있어 보이는데?"

"한번 구경하러 가자."

코코 샤넬 의상실로 사람들이 하나 둘씩 찾아왔다.

여자들은 머뭇거리며 의상실 문을 열고 들어왔다. 그리고 호기심 어린 눈으로 코코 샤넬이 만든 옷들을 둘러보았다. 옷을 입어 본 여자

들은 망설이지 않고 돈을 냈다.

"정말 편해요. 멋진 옷이에요."

"화려한 장식을 달지 않아도 드레스가 아름다울 수 있군요. 정말 놀라워요."

한 여자가 코코 샤넬이 만든 옷을 입고, 연신 거울에 비추어 보며 웃었다.

도빌에 낸 의상실은 대성공이었다. 활동하기 편하면서도 아름다운 옷은 날개 달린 듯 팔려 나갔다.

코코 샤넬은 눈코 뜰 새 없이 바빴다. 쉬지 않고 새로운 옷과 모자를 만들고, 파리와 도빌을 수십 번씩 오고 갔다. 코코 샤넬은 점점 이름이 알려지기 시작했다. 그러던 어느 날이었다.

"어떡해, 어떡해. 전쟁이 일어날지도 모른대. 어쩌면 좋아. 피난을 가야 하나?"

앙투아네트가 잔뜩 겁을 먹고, 호들갑을 떨었다.

"설마, 진짜 전쟁이 일어날까?"

아드리엔도 어깨를 떨며 몸을 움츠렸다.

전쟁이 날 거라는 소문에 온 나라가 뒤숭숭했다. 그리고 1914년 칠월, 제일 차 세계 대전이 일어났다. 호텔과 상점들이 서둘러 문을 닫았고, 피난을 떠나는 사람들 행렬이 이어졌다.

"코코! 프랑스도 연합국으로 참전하게 됐소. 나도 곧 전장으로 떠나야 하오."

카펠이 어두운 표정으로 말했다.

코코 샤넬은 안타까운 표정으로 카펠을 바라보았다. 큰 두 눈에 물기가 어렸다.

"제발 조심해요."

코코 샤넬이 애써 웃음을 지었다.

"곧 돌아올 테니 걱정 마요. 그리고 이건 사업가로서 하는 조언이오. 전쟁 중에도 절대 의상실을 닫지 마요. 가게 문을 닫는 순간 사업은 끝이오."

코코 샤넬은 크게 고개를 끄덕였다. 참았던 눈물이 흘러내렸다.

전쟁은 쉽게 끝나지 않았다.

얼마 뒤, 프랑스 북부 일부가 독일 군에 점령당하고 말았다. 당황한 피난민들은 남부에 있는 도빌로 몰려들었다.

닫았던 호텔들이 다시 문을 열기 시작했다. 다친 군인들을 치료하는 병원으로 용도가 바뀌기도 하고, 위문 공연을 맡은 배우들이나 유명 인사들이 머물기도 했다. 하지만 거리에 문을 연 상점은 하나도 없었다. 딱 한 곳, 코코 샤넬의 의상실을 빼면…….

코코 샤넬은 새로운 상황에 재빨리 적응했다.

"이제 곧 눈코 뜰 새 없이 바빠질 거야. 그러니까 준비를 해야 해."

코코 샤넬은 모든 직원들을 모아 놓고 말했다.

"지금은 휴가철이 아니에요. 여태껏 만들었던 옷은 잊어야 해요. 전쟁은 축제가 아니에요. 끔찍하고 참혹하죠. 언제 무슨 일이 일어날지 몰라요."

코코 샤넬은 잠시 숨을 돌리고 말을 이었다.

"되도록이면 장식은 하지 않을 거예요. 디자인은 더욱 단순하게 할 거지만, 언제 어디에서든 옷은 패션이에요. 세련되고, 아름다워야 해요. 이 점을 잊지 말아요."

코코 샤넬이 만드는 옷은 더욱 단순해졌다. 하지만 절제된 세련미와 품위가 넘쳤다. 몇 개를 만들어도 만들기가 무섭게 팔려 나갔다.

그러던 어느 날, 병원에서 코코 샤넬 의상실을 찾아왔다.

"병원에서 입을 작업복을 주문하러 왔소. 서른 벌쯤 되는데 최대한 빨리 만들어 주시오."

"알겠어요."

코코 샤넬은 더욱 바빠졌다. 종업원을 늘리고, 끊임없이 새로운 디자인을 내놓았다.

"너무 힘들어. 잠잘 시간도 없네. 전쟁 중이라는 것이 믿겨지지 않아. 우리 이제 좀 쉬엄쉬엄해도 되지 않아?"

앙투아네트가 웃으면서 투덜거렸다.

"천만에! 기회는 아무 때나 오지 않아."

코코 샤넬은 도빌에서 거둔 성공을 발판으로 프랑스에서 가장 남쪽에 있는 휴양 도시 비아리츠에 세 번째 의상실을 열었다.

비아리츠는 전쟁터와 멀리 떨어져 있어 피난민으로 넘쳐났다. 프랑스 사람뿐 아니라 유럽 각지에서 귀족들과 부자들이 몰려들었다.

코코 샤넬은 파리와 도빌과 비아리츠, 이렇게 세 도시에 의상실을 낸 어엿한 사업가가 되었다. 그사이 종업원은 삼백 명으로 늘었다.

하지만 코코 샤넬은 조금도 긴장을 늦추지 않고, 늘 자신이 만든 옷을 입고 작업실을 돌았다. 팔을 들어 물건을 들거나 걸어 보고, 의자에 앉기도 했다.

"코코! 그렇게 기운을 쏟다가는 병나고 말 거야. 이제는 직접 입어 보지 않아도 되잖아? 모델들도 있고."

바쁜 와중에도 꼭 새로 만든 옷을 입어 보는 코코 샤넬에게 아드리엔이 물었다.

"내가 불편하면 다른 사람도 불편한 거야. 옷은 보기에도 좋아야 하지만 무엇보다 입어서 불편하지 않아야 한다고."

코코 샤넬은 모든 일에 엄격했다. 작은 일이라도 그냥 넘어가는 법이 없었다.

"이게 뭐지?"

어느 날 코코 샤넬이 작업실 바닥에 뒹구는 옷감을 보고 물었다. 듣는 사람을 주눅 들게 만들 만큼 위엄 있는 목소리였다.

"옷감은 옷을 만드는 가장 중요하고 기본적인 재료야. 아무렇게나 취급하는 건 용납할 수 없어. 담당자가 누구야? 당장 해고야."

"코코! 너무 바빠서 그랬을 거야. 해고는 너무 심해. 다시 한 번 생각해 줘."

"책임감 없고, 게으른 직원은 우리 의상실에 필요 없어."

아드리엔이 말렸지만, 코코 샤넬은 아랑곳하지 않았다.

사업이 커 갈수록 코코 샤넬이 가진 열정과 야망도 더 커졌다. 마치 거침없는 물살 같았다.

'나는 더 이상 풋내기 보조 재봉사가 아니야. 온 세상 사람들에게 디자이너 코코 샤넬을 알게 할 거야!'

코코 샤넬은 세상에 도전장을 내밀었다.

하지만 전쟁은 계속되었다. 문을 닫는 공장이 늘어가고, 옷감을 구하는 일이 점점 어려워졌다.

"난감하군. 주문은 밀려드는데 옷감이 부족하다니!"

코코 샤넬은 머리를 싸맸다.

"그래! 가만히 있어 봤자 소용없어. 직접 발로 뛰는 수밖에."

코코 샤넬은 프랑스에 있는 모든 섬유 회사를 돌았다. 도시에서 멀리 떨어진 시골 구석까지 발품을 파는 것도 서슴지 않았다. 그리고 한참 만에 문을 닫지 않은 작은 섬유 회사를 발견했다. 코코 샤넬은 활기 넘치는 몸짓으로 문을 열고 들어갔다.

"어서 오세요! 어떤 옷감을 찾으시나요?"

섬유 회사 사장이 반색을 하고 물었다. 전쟁 중이라 오랜만에 온 손님이 더없이 반가웠다. 코코 샤넬은 옷감을 둘러보았다. 그리고 한곳에서 시선을 멈추었다. 가볍고 부드러운 *저지였다.

"바로 이거예요. 모두 주세요!"

"네. 고맙습니다. 그런데 이렇게 많은 저지를 어디에 쓰시려고요?"

사장이 허리를 굽실거리며 물었다.

---

* **저지** | 기계나 손으로 짠 메리야스 직물로 부드럽고 잘 늘어나 속옷에 주로 씀.

"여성복이요."

"뭐라고요?"

순간 사장 태도가 싸늘하게 바뀌었다.

"쯧쯧! 뭘 알고나 하는 소리요? 저지 옷감은 남자들 속옷이나 만드는 거라고요. 저지로 여성복을 만들다니. 원, 낯 뜨거워서……."

사장이 혀를 찼다.

"옷은 내가 만들어요. 당신은 옷감을 팔기만 하면 돼요."

"내 참, 기가 막히는군. 나는 못 팔겠소. 아무리 장사가 안 되도 그렇지, 이런 말도 안 되는 거래를 할 수는 없소. 더구나 누가 그 옷을 사기나 할 것 같소?"

사장은 괜스레 고집을 피웠다.

"내가 저지로 걸레를 만들든 치마를 만들든 당신은 상관할 필요 없어요. 당신은 옷감 파는 사람 아닌가요? 사는 사람이 있을 때 팔면 되는 거예요. 그리고 내가 만든 옷을 여자들이 입든 말든 그건 내 일이라고요."

참다못한 코코 샤넬은 큰 소리로 따졌다.

"아무리 그래도……."

사장이 쭈뼛쭈뼛 말꼬리를 흐렸다.

"당신이 안 팔아도 저지를 파는 곳은 많아요."

코코 샤넬이 휙 돌아섰다. 그러자 사장이 부리나케 코코 샤넬 앞을 막아섰다.

"당신 말이 맞소. 나야 옷감을 팔면 그만이지."

코코 샤넬이 사 온 옷감을 보고, 의상실에서도 한바탕 난리가 났다.

"맙소사, 코코. 저지라니! 세상에 그 어떤 디자이너도 저지로 여자 옷을 만들지 않아."

아드리엔이 난감한 목소리로 말했다. 코코 샤넬은 대답 대신 가위를 들었다. 한바탕 저지와 씨름을 할 태세였다.

며칠이 지났다. 코코 샤넬이 완성된 옷을 입을 모델을 불렀다.

"역시, 생각했던 대로야."

저지로 만든 옷을 입은 모델을 보고, 코코 샤넬은 흡족한 표정을 지었다.

"치마에 주름이 잡혔잖아? 하늘거리는 느낌이 너무 신선해."

"와! 허리를 조이거나 엉덩이를 부풀리지 않았는데 자연스럽게 몸매가 드러나고 있어."

"역시 사장님 안목은 최고야."

의상실에 있던 모든 직원들이 넋을 잃고 바라보았다.

"여자들은 아름답게 보이기 위해 겹겹이 속옷을 껴입은 채 땀을 흘리고 있어. 하지만 꼭 허리를 조이고, 레이스로 휘감아야만 아름다워지는 것은 아니야. 나는 여자들 몸에 새로운 자유를 줄 거야. 이건 시작일 뿐이라고."

코코 샤넬은 초췌한 모습이었지만, 표정은 어느 때보다 밝고 자신감이 넘쳤다.

코코 샤넬이 만든 새로운 드레스는 프랑스는 물론 대서양 건너 미국에서도 선풍적인 인기를 끌었다. 미국의 유명 패션 잡지 「하퍼스 바자」는 '매력적인 샤넬 *슈미즈 드레스' 라는 찬사와 함께 코코 샤넬이 만든 옷을 소개했다.

코코 샤넬은 위풍당당하게 세계 무대에 발을 들여놓았다.

* 슈미즈 | 여성용 속옷의 한 종류.

시크릿 포인트
Secret 4 Point

고정관념을 깨뜨려라

고정관념은 딱딱하게 굳어 변하지 않는 생각을 말해요. 사람들은 늘 해 왔던 행동이나 생각을 바꾸기를 꺼려 해요. 다른 사람들의 눈을 걱정하기 때문이지요. 그래서 종종 하고 싶은 일을 못하거나 머뭇거리기도 하고요.

많은 디자이너들이 저지 옷감은 남자 속옷이나 작업복을 만드는 거라고 생각했어요. 하지만 코코 샤넬은 달랐어요. 과감하게 저지로 여성복을 만들었지요. 전쟁이 났다고 모든 상점이 문을 닫았을 때도 마찬가지였어요. 혼자 꿋꿋하게 가게를 지켰지요.

만약 코코 샤넬이 다른 디자이너들처럼 늘 해 오던 대로 일을 했다면 아마 지금 같은 성공을 거두기 어려웠을 거예요.

분홍색을 좋아하면서도 '나는 남자니까.', 파랑색을 좋아하면서도 '나는 여자니까.' 하면서 꾹 참은 적이 있나요? 고정관념에 사로잡힌 어른들은 로봇은 남자 아이, 인형은 여자 아이가 가지고 논다고 정해 놓아요. '남자는 이래야지, 여자는

이래야지, 학생은 이래야지.' 하며 수없이 많은 틀 속에 갇혀 있지요. 물론 이미 만들어진 틀을 벗어나는 건 쉽지 않아요. 많은 용기가 필요하지요. 굳센 의지와 결단도 필요해요. 가끔 놀림을 받을지도 몰라요. 틀렸다고 말하는 사람도 있을 테지요.

하지만 고개를 들어 더 멀리 둘러보아요. 요리는 여자가 한다고 생각하지만, 세계에서 가장 유명한 요리사는 남자이지요. 여자 축구 선수도 있고, 권투 선수도 있어요.

이제 생각을 바꾸어 보아요. 그리고 당당하게 내가 좋아하는 것을 말해요. 자기가 진짜 좋아하는 것을 표현하고, 시작해 보아요. 세상은 더 넓어지고, 할 일은 더 많아질 테니까요.

5 유행은 코코 샤넬로부터 온다

"하지만 코코! 보통 향수 이름은 사월의 미소, 봄의 욕망처럼
아름답게 짓잖아요? 너무 밋밋하지 않은가요?"
"코코 샤넬은 이름만으로도 이미 완성된 스타일이에요.
모든 여자들 사이에서 매력을 발산하는 아주 특별한 이름이죠."
코코 샤넬이 향수를 자기 손목에 뿌리며 말했다.

코코 샤넬은 정신이 아득해졌다.

"이런 어처구니없는 일이! 앙투아네트가 죽었다고? 행복하게 웃으면서 결혼했잖아. 작년에는 카펠이 죽더니……. 아드리엔은 사랑하는 남자를 따라가 버리고. 모두 나를 버리기로 작정이라도 한 거야?"

어머니와 언니와 여동생 그리고 사랑하는 사람까지 잃고 만 코코 샤넬은 큰 소리로 울었다. 그리고 몇 날 며칠을 멍하니 앉아만 있었다. 코코 샤넬은 창밖을 물끄러미 바라보았다.

세상은 코코 샤넬이 겪는 슬픔 따위는 상관없다는 듯이 활기차게 돌아갔다.

코코 샤넬은 울적한 마음을 달래기 위해 미용실을 찾았다.

"귀밑까지 짧게 잘라 주세요."

"귀밑까지요? 이렇게 아름다운데 정말 잘라요? 긴 머리는 예쁜 여자들이 바라는 건데……."

미용사가 망설였다.

"아니요, 잘라 주세요."

코코 샤넬은 단호했다.

숱 많은 새까만 머리가 쑹덩 잘려 나갔다.

머리를 짧게 자른 코코 샤넬은 챙이 짧은 모자를 눌러썼다. 그리고 거리로 나섰다. 단아한 차림새와 당당한 걸음걸이가 사람들 눈길을 사로잡았다.

"코코잖아. 짧은 머리가 너무 멋진걸?"

"새로운 스타일이네. 나도 해 볼 테야."

미용실은 머리를 짧게 자르려는 여자들로 붐볐다. 여자들은 우아하게 틀어 올린 긴 머리를 과감하게 풀었다. 그리고 말했다.

"코코처럼 해 주세요."

"저도 '코코 스타일'로 부탁해요."

코코 샤넬이 한 짧은 머리는 어느새 활동적이고 자유로운 여자를

나타내는 상징이 되었다.

코코 샤넬은 퍼뜩 정신이 들었다.

"지금 세상 사람들은 내가 만든 옷을 입고, 내가 만든 모자를 쓰고, 나를 보고 있어. '코코 스타일'을 기다리고 있다고. 바보같이 슬퍼만 할 겨를이 없어. 그건 앙투아네트와 카펠도 바라지 않을 거야."

코코 샤넬은 캉봉 거리에서 발걸음을 멈추었다. 그리고 '메종 샤넬' 간판을 올려다보았다.

"잠깐 잊고 있었어. 내가 있을 곳과 내가 할 일들! 그래, 구질구질한 운명아, 덤벼 봐. 다 부숴 줄 테니 말이야."

코코 샤넬은 모든 열정과 힘을 일에 쏟았다.

"그 치마에는 주머니를 달아. 전쟁도 끝나고, 여자들도 사회 활동이 늘었으니까 좀 더 활동적으로 만들어야 해."

코코 샤넬은 작업실을 돌아보며 일일이 지시했다.

"아니, 아니. 치마가 너무 길어. 발목 위로 올려. 바닥을 쓸고 다니는 드레스를 입고 무슨 일을 해?"

코코 샤넬은 계속 새로운 옷을 만들었다. 단아하고 활동적인 옷, 그러면서도 세련되고 아름다운 옷들이었다.

패션계에 코코 샤넬이 미치는 영향력은 막강해졌다. '모든 유행은 코코 샤넬로부터 온다.'는 말이 생길 정도였다. 파리에 사는 멋쟁이라면 누구나 코코 샤넬이 만든 옷을 알아볼 수 있었다.

"아! 코코 옷이구나."

"코코 샤넬 스타일이군."

사람들은 길을 가다가도 종종 이렇게 말하곤 했다.

땅거미가 지는 오후, 직원들이 모두 퇴근한 사무실 문을 누군가 두드렸다. 친구 미시아 세르트였다.

"아직도 일해? 일 벌레가 따로 없군. 코코, 오늘은 나랑 좀 놀아."

"마침 일어나려고 했어."

코코 샤넬이 옷을 챙겨 입었다.

세르트는 여성 피아니스트로 스트라빈스키, 피카소, 살바도르 달리, 장 콕토를 비롯한 여러 분야 예술가들과 친분이 있었다. 코코 샤넬은 그들과 어울리는 것을 좋아했다.

"예술은 가치 있는 거야. 나는 예술가들이 가진 열정이 좋아."

코코 샤넬은 경제적으로 어려운 예술가들을 아낌없이 지원했다. 그들의 작품을 직접 사거나 작품을 만드는 데 필요한 돈을 부담하고, 심지어는 밀린 하숙비나 외상값을 대신 갚아 주기도 했다.

코코 샤넬은 사교계 사람들도 자주 만났다. 러시아 왕족 출신인 드미트리 대공도 그 가운데 한 명이었다.

"러시아 전통 *문양은 정말 매혹적이에요. 덕분에 이번 디자인도 반응이 아주 좋아요."

"옷과 문양을 잘 어우러지게 만든 당신 감각 때문이지요."

드미트리 대공이 멋쩍게 웃었다.

"이번에는 좀 다른 걸 하고 싶어요. 뭔가 특별한 거요. 이를테면 향수 같은 것 말이에요."

코코 샤넬이 눈을 반짝이며 말했다.

"향수라고요? 내가 향수를 만드는 조향사를 안다오. 에르네스트 보우라고 무척 능력 있는 친구라오. 당신에게 도움이 된다면 기꺼이 소개해 주겠소."

"정말인가요? 고마워요."

코코 샤넬은 보우와 바로 향수를 만드는 일을 시작했다. 보우는 성실하고 감각 있는 사람이었다.

"아주 새롭고 특별한 향수여야 해요."

코코 샤넬이 말했다.

---

* **문양** | 옷감이나 조각품 따위를 장식하기 위한 여러 가지 모양.

"물론이죠. 특별한 향기는 특별한 감정을 불러일으키니까."

"향기가 너무 강해서는 안 돼요."

"향기가 너무 빨리 사라져도 안 되죠."

보우가 맞장구를 쳤다.

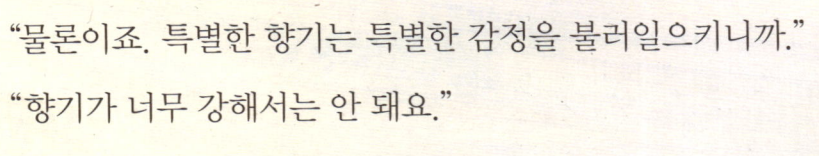

"단순히 꽃이나 식물에서 향기를 채취하면 강할 뿐만 아니라 금방 사라지고 말죠."

"맞아요. 연구비는 아낌없이 지원하겠어요."

코코 샤넬은 향수 사업에 과감하게 투자했다.

보우는 여러 가지 향료를 섞었다가 버리기를 수백 번, 드디어 합성 향료를 섞은 특별한 향수를 만들어 냈다. 향기를 오래도록 지속시킬 수 있는 방법을 찾아낸 것이었다.

"됐어. 바로 이거야!"

보우는 한달음에 코코 샤넬을 찾아갔다. 보우가 가져온 향수병들에는 일 번부터 십 번까지 번호가 붙어 있었다.

"코코! 어서 향을 맡아 봐요."

코코 샤넬은 하나씩 천천히 향을 음미했다. 그리고 숫자 오가 적힌 향수를 집어 들었다. 향기를 맡은 코코 샤넬은 활짝 웃었다.

"역시, 그걸 고를 줄 알았어요. 오 번은 재스민과 장미 그리고 팔십 가지가 넘는 합성 향료를 섞은 것이에요. 지금까지 이런 조합으로 탄생한 향수는 없었지요."

"보우, 당신이 해낼 줄 알았어요!"

"코코, 향수병 디자인과 향수 이름은 생각해 둔 거예요?"

보우가 만족스럽게 웃으며 물었다.

코코 샤넬은 손에 쥔 향수를 뚫어지게 쳐다보았다. 그리고 보우에게 되물었다.

"이 향수 이름, '샤넬 넘버 5' 어때요?"

"하지만 코코! 보통 향수 이름은 사월의 미소, 봄의 욕망처럼 아름답게 짓잖아요? 너무 밋밋하지 않은가요?"

"코코 샤넬은 이름만으로도 이미 완성된 스타일이에요. 모든 여자들 사이에서 매력을 발산하는 아주 특별한 이름이죠."

코코 샤넬이 향수를 자기 손목에 뿌리며 말했다.

"음, 샤넬 넘버 5라……. 독특하고 개성이 넘치는 이름이 꼭 당신 같군요."

"맞아요. 코코 샤넬과 함께라면 향수도 패션이 될 거예요."

코코 샤넬은 향수병도 과감하게 만들었다.

"안 돼, 동물이나 여자 몸 모양을 딴 디자인은 안 돼. 곡선은 나와 어울리지 않아. 단순하고 세련되게. 그냥 직선이면 돼."

샤넬 넘버 5가 직육면체 모양을 한 단순한 유리병 안에서 찰랑거렸다. 코코 샤넬은 향수병을 꼭 쥐었다.

"모두가 샤넬 넘버 5에 매혹될 거야."

코코 샤넬은 직원을 불렀다.

"향수를 의상실 곳곳에 뿌리도록 해. 손님들한테 작은 *견본을 나누어 주는 것도 잊지 말고."

반응은 매우 뜨거웠다. '메종 샤넬'의 문을 열고 들어온 손님들은 모두 코

---

* **견본** | 품질이나 상태 따위를 알아볼 수 있도록 본보기로 보이는 물건.

끝을 맴도는 향기에 이끌렸다.

"이게 무슨 향기죠? 꽃향기 같기도 하고 굉장히 향기로워요."

"새로 출시하게 될 향수, 샤넬 넘버 5입니다."

종업원이 향수 견본을 나누어 주며 말했다.

"정말 독특하고 매력적인 향기네요."

"진하지 않은데도 사람을 끌어당기는 힘이 있어요."

새로운 향수에 대한 찬사가 이어졌다.

사람들은 파격적인 디자인과 개성 있는 이름, 재료를 알 수 없는 신비한 향기에 흠뻑 취했다.

파리 곳곳에 샤넬 넘버 5 향기가 퍼졌다. 여자들은 옷을 다 입은 뒤에 마지막으로 샤넬 넘버 5 한 방울을 바르는 것을 잊지 않았다. 코코 샤넬이 한 말처럼 향수가 패션을 이루는 일부분이 된 것이다.

그 뒤로도 코코 샤넬은 끊임없이 파격적인 시도를 했다. 가짜 보석을 장신구로 쓰기로 한 것이다.

"가짜 보석이라고요? 가짜는 샤넬이 이뤄 놓은 명성에 어울리지 않아요."

직원 한 사람이 조심스레 말했다.

"보석은 진짜냐 가짜냐가 중요한 게 아니야. 그 보석을 한 사람을 어떻게 돋보이게 만들어 주느냐가 중요한 거지."

그때 마침 의상실로 들어오던 친구 세르트가 웃으며 말했다.

"코코답군. 진짜 보석만을 찾는 사람들이 못마땅한 거야?"

"비싸고 큰 보석만 아름다운 게 아니니까. 제대로 멋을 낼 줄도 모르는 주제에 값비싼 보석을 온몸에 걸치고 뽐내는 여자들이 얼마나 우스꽝스러운지 알지? 그 여자들에게 가짜 보석만으로도 충분히 아름다울 수 있다는 걸 보여 주고 말겠어!"

코코 샤넬은 큰소리를 쳤다. 그리고 그 큰소리가 허풍이 아니라는 것을 증명해 보였다. 코코 샤넬이 만든 화려하고 독창적인 장신구는 어느 곳에서나 시선을 끌었고, 이내 여자들 마음을 사로잡았다.

파리의 멋쟁이들은 곧 아무 거리낌 없이 상점에서 인조 보석을 사기 시작했다.

시크릿 포인트 5
Secret Point

늘 창조적으로 생각하라

창조란 아무 것도 없는 데에서 새로운 것을 만들어 내거나 원래 있는 것에 독창적인 아이디어를 보태어 전혀 다른 것을 만들어 내는 것을 말해요.

그럼 창조적인 생각은 어떻게 할까요? 먼저 여러분이 무엇을 하고 싶은지 곰곰이 생각해 보아요. 친구가 하는 말을 들을 때처럼 자기 마음에 귀를 기울이는 거예요. 어떻게 생각하고, 행동하면 더 좋은 결과가 나올지 끊임없이 자기에게 물어보는 거지요. 남들과 똑같이 생각하고 행동

한다면 세상은 항상 그 자리에 머물러 있을 거예요.

코코 샤넬은 좋은 향수를 만들기 위해 어떻게 하는 것이 더 좋을지 끊임없이 고민했어요. 조향사가 자신이 원하는 향기를 만들어 낼 때까지 아낌없이 지원을 했지요. 그 결과, 수십 년이 지나도 여전히 사랑받는 향수를 만들 수 있었어요.

우리는 지금 우주선을 타고 달에 가는 시대에 살고 있어요. 옛날에 달나라에 가는 것은 그저 꿈에 지나지 않았어요. 하지만 지금은 아주 자연스러운 일이 되었지요. 여러분도 둘레를 잘 살펴보아요. 침대에서 떨어져 본 경험이 있다면 떨어지지 않는 침대를 생각해 볼 수 있어요. 또 미끄러져서 다친 경험이 있다면 미끄러지지 않는 신발을 생각해 볼 수도 있어요. 물건을 잃어버려 곤란을 겪은 경험이 있다면, 내 물건을 흘렸을 때 소리가 나는 발명품을 만들 수도 있지요. 이렇게 창조적인 생각을 하는 것은 자기 마음에 귀를 기울이면 그리 어려운 일이 아니지요.

6 처음으로 겪은 실패

"난감하군! 우아하기는 해도 여배우가 하나도 돋보이지 않아."
골드윈이 중얼거렸다.
"샘, 너무 애쓰지 말아요. 안 되는 걸 고집 부릴 만큼
나는 바보가 아니에요. 나는 최선을 다했어요.
안타깝지만 단지 내 스타일과 영화가 맞지 않았을 뿐이에요."
코코 샤넬은 영화 의상 작업을 과감히 접었다.

이른 아침, '메종 샤넬' 앞에 고급 승용차 한 대가 부드럽게 멈추어 섰다. 문이 열리자 코코 샤넬이 우아하게 내렸다. 코코 샤넬은 패션계 정상에 올랐지만, 늘 아침 일찍 의상실에 나왔다.

코코 샤넬은 의상실에 들어가자마자 외투를 벗고 작업대 앞에 섰다. 모델을 세워 놓고, 직원에게 옷감을 가져오게 한 뒤에 직접 가위를 들었다.

"흠, 주름을 좀 더 잡아야겠어. 왼쪽으로 돌아봐."

코코 샤넬은 미리 종이에 디자인을 그리는 대신, 모델을 세워 두고 바로 옷을 만들었다. 옷감을 대보고, 가위질과 바느질을 수십 번씩

하고도 조금이라도 마음에 들지 않으면 처음부터 다시 했다.

'휴.'

오랫동안 한 자리에 서 있던 모델이 한숨을 쉬며 찌뿌드드한 몸을 틀었다.

"가만, 가만. 거기서 움직이면 안 돼. 옷이 엉망이 되잖아. 모델이면 모델답게 굴어!"

코코 샤넬은 언제나 완벽하게 일했다. 아무리 작은 실수라도 그냥 넘어가지 않았다. 또 마흔이 넘은 나이에도 스무 살짜리 재봉사 앞에서 무릎을 꿇고 작업에 몰두하기도 했다.

집중해서 일을 할 때는 마치 *폭군처럼 몰아붙이기도 했다.

"단추가 비뚤어졌잖아? 다시 달아."

"아니, 아니. 치맛단이 흐트러졌어."

"소맷부리 좀 봐. 옷감이 울었잖아. 정신 똑바로 차리지 못해?"

코코 샤넬이 매섭게 쏘아붙이자, 초보 재봉사가 눈물을 그렁그렁하더니 이내 울음을 터뜨리며 뛰쳐나갔다.

"맙소사, 제정신이야? 옷에 얼룩이 지잖아!"

---

* **폭군** | 무섭고 사나운 임금.

코코 샤넬은 아랑곳하지 않고, 계속해서 옷을 만들었다. 그 모습을 본 모델은 잔뜩 긴장한 채로 자세를 굳혔다.

코코 샤넬은 끊임없이 새로운 디자인에 목말라했다.

'어떻게 하면 여자만이 가지고 있는 섬세함과 부드러움을 강조할 수 있을까? 그리고 어떻게 하면 억지스럽지 않고, 자연스럽게 멋스러움을 표현할 수 있지?'

파격과 참신함과 아름다움은 코코 샤넬이 늘 고민하는 세 가지 요소였다.

얼마 뒤, 코코 샤넬은 옷으로 사회 질서에 도전하기로 마음먹었다. 장례식에나 입고 갈 검정 천으로 드레스를 만들기 시작한 것이다.

"검정은 너무 엄숙하고 우울하지 않을까요?"

재봉 주임이 조심스레 말문을 열었다.

마침 의상실을 찾은 친구 세

르트도 재봉 주임을 거들었다.

"코코! 직원들 말에도 귀를 기울이라고. 그런 우중충한 검정 드레스라니 너무 파격적인 거 아니야? 장례식에 입고 갈 드레스를 만드는 게 아니라면 말이야."

코코 샤넬은 자신감 넘치는 목소리로 말했다.

"검정이야말로 완벽한 색깔이야. 우아하고 세련된 색깔이지. 빨강이나 파랑처럼 유행도 타지 않을 거야."

코코 샤넬은 사람들이 하는 말에 아랑곳하지 않았다.

"정말 네 고집은 알아줘야 해."

마침내 의상 발표회 날이었다.

코코 샤넬은 자신이 만든 검정 드레스를 입고, 당당하게 발표회장으로 들어섰다. 팔에 꼭 달라붙는 소매와 앞뒤 길이가 다른 치마는 단번에 사람들 눈길을 사로잡았다.

모델이 입은 하늘하늘한 검정 드레스는 몸에 살짝 감기면서 몸매를 자연스럽게 드러냈다. 코코 샤넬도, 모델도 여성스러움을 한껏 뽐내고 있었다.

코코 샤넬이 해낸 새로운 발상은 오래된 관습과 검정 옷에 대한 인식을 송두리째 뒤흔들었다.

사람들은 감탄하며 말했다.

"검정이 저렇게 매혹적인 색이었나?"

"역시, 코코 샤넬이군요. 우아하고 품위가 넘쳐요."

"굉장해요. 여성스럽고 도도한 느낌마저 드는걸요."

미국의 유명한 패션 잡지 「보그」도 코코 샤넬이 만든 검정 드레스에 찬사를 보냈다.

> 샤넬이 만든 포드를 소개한다.
> 코코 샤넬의 검정 드레스!
> 곧 전 세계가 이 옷을 입을 것이다.

「보그」는 당시 미국에서 최고로 인기 있던 자동차 상표인 '포드'에 코코 샤넬이 만든 드레스를 견주었다.

잡지 기사를 읽은 코코 샤넬은 고개를 꼿꼿이 세우고 웃었다. 향수에 이어 검정 드레스의 연이은 성공은 코코 샤넬을 세계적인 부자로 만들었다.

하지만 코코 샤넬은 변하지 않았다. 새로 만든 옷은 가장 먼저 입었고, 여전히 완벽을 강조했다.

마흔이 넘은 나이에도 불구하고 아름다움을 간직한 코코 샤넬은 남자들에게 구애를 받기 일쑤였다.

영국에서 온 웨스트민스터 공작도 그 가운데 한 명이었다. 웨스트민스터 공작은 코코 샤넬에게서 느껴지는 세련된 감각과 재치 있는 말솜씨에 푹 빠졌다.

웨스트민스터 공작은 몇 번이나 코코 샤넬을 저녁 식사에 초대했다. 하지만 코코 샤넬은 늘 일을 핑계로 정중하게 거절했다.

가늘게 눈이 흩날리는 겨울 오후였다. 코코 샤넬은 작업실에서 새로운 디자인을 구상하고 있었다.

"웨스트민스터 공작님께서 보내신 겁니다."

그의 하인이 커다란 바구니를 내밀었다.

바구니에는 딸기와 멜론이 가득 담겨 있었다.

"맙소사, 한겨울에 딸기와 멜론이라니!"

웨스트민스터 공작은 하인을 시켜 하루가 멀다 하고 선물을 보냈다. 덕분에 코코 샤넬네 집과 의상실에는 일 년 내내 과일과 꽃들이 넘쳐 났다.

그러던 어느 날이었다.

"공작님께서 보내신 편지와 선물입니다."

"고마워요."

코코 샤넬은 무심코 선물 꾸러미를 뜯었다. 꾸러미 가득 사파이어와 다이아몬드와 에메랄드가 반짝거렸다.

"흥! 이런 보석으로 내 마음을 가질 수 있다고 생각했다면 착각이야. 돈은 나도 충분히 있으니까."

코코 샤넬은 곧바로 보석 값에 달하는 선물을 보내 버렸다.

'이제 더 이상 선물을 보내지 않겠지?'

하지만 코코 샤넬이 한 예상은 빗나갔다. 웨스트민스터 공작은 그 뒤로도 아랑곳하지 않고 선물을 보냈다. 결국 코코 샤넬은 마음을 돌릴 수밖에 없었다.

"내가 졌어요. 두 손 두 발 다 들었다고요."

의상실에 찾아온 웨스트민스터 공작에게 코코 샤넬이 웃으며 말했다. 그날 이후부터 코코 샤넬은 종종 영국에 있는 웨스트민스터 공작 집에 초대를 받았다. 넓은 정원에서 장미꽃을 감상하고, 때때로 승마를 하거나 낚시를 하기도 했다.

하지만 활동적인 코코 샤넬은 그 시간들이 따분하기만 했다.

'왜 이렇게 심심할까? 정신없이 바쁜 의상실이 그립군.'

코코 샤넬은 괜시리 엉덩이가 들썩거리고, 손이 근질거렸다. 애꿎은 장미꽃 잎만 떼었다 붙였다 했다.

"코코……"

그때, 웨스트민스터 공작이 다가왔다. 그리고 잠시 뜸을 들이더니 말을 이었다.

"코코, 나와 결혼해 주겠소?"

코코 샤넬은 당황했다. 큰 눈이 휘둥그레졌다. 갑자기 수많은 생각들이 머리를 휘저었다.

'결혼? 내가 결혼을 한다고?'

코코 샤넬은 냉정하게 상황을 정리해 보았다.

'나는 웨스트민스터 공작을 믿어. 그리고 좋아해. 하지만 웨스트민스터 공작과 결혼하면 나는 공작 부인이 되는 거야. 공작 부인이 의상실을 운영하는 건 말도 안 돼. 아무리 시대가 바뀌었어도 있을 수 없는 일이야.'

코코 샤넬은 망설였다.

'공작 부인이 되면 점잖게 집 안에만 있어야 할 텐데 내가 감당할 수 있을까? 일 없이는 며칠도 견디지 못하면서······.'

코코 샤넬은 일과 결혼 가운데 한 가지를 선택해야 했다. 그리고 어떤 선택을 내리더라도 나머지 한 가지는 포기해야 한다는 걸 알고 있었다.

코코 샤넬은 진지하게 고민했다. 하지만 이미 답은 나와 있었다. 고민을 하는 순간에도 머릿속은 온통 새로운 디자인으로 가득했던 것이다.

코코 샤넬은 웨스트민스터 공작을 찾아갔다. 웨스트민스터 공작은 승마 준비를 하고 있었다.

"나에게 청혼해 줘서 고마워요. 하지만 나는 당신 대신 일을 선택할 거예요. 집 안에 고상하게 앉아 있는 공작 부인은 나한테 어울리지 않아요. 그건 당신도 알죠?"

웨스트민스터 공작이 가만히 고개를 끄덕였다.

"이제 파리로 돌아갈 거예요. 나를 기다리는 의상실로요."

"이런, 깨끗하게 물러나야겠군. 하하."

웨스트민스터 공작이 호탕하게 웃었다. 그리고 말에 훌쩍 뛰어올라 숲으로 달렸다.

코코 샤넬은 쓸쓸한 마음으로 발길을 돌렸다.

'가슴은 아프지만 후회하지 않아. 나는 일을 선택한 거야. 내 선택에 끝까지 책임을 지겠어.'

파리로 돌아온 코코 샤넬은 열정적으로 일에 몰두했다. 그리고 내놓는 디자인들마다 큰 성공을 거두었다.

그해 여름, 미국의 영화 제작자 샘 골드윈은 코코 샤넬에게 영화 의상을 맡아 줄 것을 제안했다.

당시 골드윈은 어떻게 하면 사람들을 극장으로 불러 모을 수 있을지 고민하고 있었다.

"관객이 없으니 아무리 좋은 영화를 찍어도 다 망하게 생겼군. 어떻게 하면 사람들이 극장을 찾아올까?"

골드윈은 대책을 마련하기 위해 머리를 싸맸다. 그러다 떠올린 것이 바로 코코 샤넬이었다. 코코 샤넬은 미국 여성들에게도 엄청난 영향력을 과시하고 있었다.

골드윈은 코코 샤넬에게 파격적인 계약 조건을 제시했다.

"해마다 봄과 가을에 미국에 와서 영화 의상을 담당해 주었으면 하오. 그 대가로 백만 달러를 주겠소."

"글쎄요."

코코 샤넬이 시큰둥하자 골드윈이 발끈해서 소리쳤다.

"글쎄요? 글쎄요라니. 자그마치 백만 달러요!"

"당신, '메종 샤넬'에서 해마다 팔리는 드레스가 몇 벌인지 알고 있나요? 자그마치 이만팔천 벌이에요. 그리고 샤넬은 종업원이 사천 명이나 되는 큰 기업이죠. 굳이 미국까지 가서 광고를 할 필요가 없어요."

코코 샤넬이 제안을 받아들일 거라고 확신했던 골드윈은 말문이 턱 막혀 버렸다.

"코코! 다시 한 번 생각해 봐요."

골드윈은 코코 샤넬을 설득하기 위해 애썼다.

마침내 이듬해 사월, 코코 샤넬은 협상을 거듭한 끝에 영화 의상 작업을 맡기로 했다.

골드윈은 자신감 넘치는 목소리로 말했다.

"이제 곧 영화의 새로운 시대가 시작될 것이오. 앞으로 여성들은 두 가지 이유로 영화관을 찾을 거요. 하나는 영화를 보기 위해, 또 하나는 당신이 만든 영화 의상을 보기 위해서 말이오."

"그래요. 내가 만든 '코코 스타일'은 여성들의 시선을 단박에 사로잡을 테니까요."

하지만 코코 샤넬과 골드윈이 한 예상은 보기 좋게 빗나갔다. 코코 샤넬이 만든 옷은 영화 속에서 빛을 발하지 못했다.

"코코가 만든 옷이라고?"

"여배우랑 별로 어울리지 않는데."

사람들이 건 기대는 배가 넘는 실망으로 돌아왔다.

'나는 세계적으로 인정받는 디자이너야. 영화라고 못 해낼 게 없어. 내 감각은 최고라고!'

코코 샤넬은 다시 시도했다. 하지만 결과는 마찬가지였다.

"옷들이 전혀 눈에 들어오지 않아."

골드윈이 낙담하여 말했다.

코코 샤넬은 고민했다. 패션에 대한 자부심이 대단한 코코 샤넬이었지만, 선이 단조로운 코코 스타일 옷은 여배우를 제대로 살려 내지 못했다.

"난감하군! 우아하기는 해도 여배우가 하나도 돋보이지 않아."

골드윈이 중얼거렸다.

"샘, 너무 애쓰지 말아요. 안 되는 걸 고집 부릴 만큼 나는 바보가 아니에요. 나는 최선을 다했어요. 안타깝지만 단지 내 스타일과 영화가 맞지 않았을 뿐이에요."

코코 샤넬은 영화 의상 작업을 과감히 접었다.

| 시크릿 포인트 6
| Secret Point

때로는 포기할 줄도 알라

최선을 다해서 어려운 일을 이루어 낸다는 것은 자신에게도, 보는 사람에게도 무척 아름답고 감동적인 일이지요. 하지만 노력을 한다고 다 이루어지는 건 아니에요. 최선을 다했지만 실패할 때도 있지요.

살아가다 보면 슬퍼서 엉엉 눈물이 나고, 억울해서 발을 동동 굴러 보아도 포기해야 하는 일이 생길 거예요.

코코 샤넬은 과감하게 영화 산업에 뛰어들었어요. 하지만 곧 영화 의상과 자기 스타일이 맞지 않는다는 것을 깨달았지요. 코코 샤넬은 안타깝고 슬펐지만 사실을 인정하고 받아들였어요. 만약 이때 코코 샤넬이 억지를 부리고, 고집을 피웠다면 어떻게 되었을까요?

포기하는 것이 모두 나쁜 것은 아니에요.

　시험 볼 때 모르는 문제에 매달려 끙끙대다가 시간이 모자란 적이 있지요? 아는 문제마저 못 풀고 시험지 답안을 낼 때는 내 머리를 쿡 쥐어박고 싶어지지요. 이렇듯 안 되는 일에 매달려 내가 더 잘 하는 일을 안타깝게 놓치거나 못 한 적이 있을 거예요.
　시도해 보지도 않고 포기하는 건 분명 부끄러운 일이에요. 하지만 충분히 노력하고 최선을 다했다면, 후회하지 않을 정도로 열심히 했는데도 안 된다면 과감히 포기할 줄도 알아야 하지요.
　포기는 용기를 일컫는 또 다른 이름이기도 해요. 앞으로 나아가기 위한 큰 산 같은 것이지요. 내 것이 아닌 것, 내 길이 아닌 것을 과감히 포기할 때, 비로소 여러분이 정말 잘 할 수 있는 일을 선택할 새로운 기회가 생기는 거예요.

7 경쟁 디자이너들을 따돌리다

코코 샤넬은 승리의 미소를 지었다.
코코 샤넬이 새로운 디자인을 발표하는 순간,
승부는 이미 판가름이 났다.
사람들 입에서 스키아파렐리 이름이 쏙 들어갔던 것이다.
물론 다른 디자이너들 이름도 마찬가지였다.

캉봉 거리에 있는 '메종 샤넬' 오 층, 벽면을 *융으로 둘러 아주 작은 소리도 나지 않는 커다란 방. 펼쳐 놓은 옷감과 미터자들이 여기저기 널린 작업실에서 코코 샤넬이 바쁘게 움직였다.

코코 샤넬은 마네킹에 옷을 입혀 놓고, 고개를 갸우뚱거렸다.

"음, 치마 균형이 안 맞아. 어디 보자. *망사가 좀 늘어났군."

말을 마치기가 무섭게 코코 샤넬은 갑자기 무릎을 꿇었다. 길게 리본을 묶어 목에 건 가위가 흔들렸다.

---

* **융** | 촉감이 매끄럽고 두께가 도톰한 옷감.
* **망사** | 그물과 같이 성기게 짠 비단.

"마네킹 좀 잡아 줘."

코코 샤넬이 재봉 주임에게 말했다.

그러고는 두 팔을 벌려 마네킹을 감싸 안더니 왼쪽 집게손가락과 가운뎃손가락 사이에 핀을 낀 채로 양 손가락을 빠르게 놀렸다. 망사가 출렁거리며 제자리를 찾았다.

"됐어. 이제 액세서리."

코코 샤넬이 말했다.

흰 셔츠를 입은 재단사가 액세서리 상자를 열어 코코 샤넬 앞으로 가져갔다. 코코 샤넬은 상자 가득한 액세서리들을 잠깐 훑어보더니 몇 개를 집어 드레스에 달았다. 순식간에 드레스 분위기가 확 달라졌다. 코코 샤넬을 지켜보던 직원들이 낮게 탄성을 질렀다.

"사장님, 조금 쉬세요."

재봉 주임이 쉰 살이 넘은 코코 샤넬을 걱정스레 바라보았다.

오후 여섯 시, 아침부터 시작한 작업이 내리 여덟 시간째였다. 창밖은 어둑어둑 땅거미가 지고 있었다.

코코 샤넬은 재봉 주임이 하는 말을 듣지 못했다. 하지만 만약 들었더라도 멈추지 않았을 것이었다. 내로라하는 디자이너들이 마구 치고 올라오고 있었다.

십 년이 넘게 최고 자리를 지켜 온 코코 샤넬의 *아성에 도전장을 내민 것이다. 새로운 디자이너들은 막강한 실력을 발휘하며 코코 샤넬을 위협했다.

"메인 보셰가 만든 이브닝 드레스 좀 봐요."

"어머나, 어깨끈이 없는 드레스라니! 너무 아름다워요."

"정말 우아하고 세련미가 넘치는군요."

많은 여자들이 메인 보셰가 만든 드레스를 칭찬했다.

주름 옷을 만든 마들렌 비오네도 코코 샤넬 고객들을 빼앗아 갔다. 디자이너들이 벌이는 경쟁은 나날이 치열해졌다. 그리고 그들은 코코 샤넬이 다져 놓은 확고한 영역에 적잖은 타격을 주었다. 누구보다도 이탈리아 출신 엘자 스키아파렐리의 도전은 거셌다.

스키아파렐리는 '메종 샤넬'과 아주 가까운 곳에 의상실을 열었다. 그리고 공공연하게 소리치곤 했다.

"이제 코코 샤넬 시대는 끝났어!"

코코 샤넬은 코웃음을 쳤지만 마음을 놓지는 못했다. 스키아파렐리가 만든 과감한 패션은 많은 사람들에게 사랑을 받고 있었다.

---

* **아성** | 큰 조직이나 단체의 중심이 되는 곳처럼 아주 중요한 것을 비유적으로 이르는 말.

스키아파렐리는 색깔이 선명하고 눈에 확 띄는 옷감, 그 가운데서도 '쇼킹 핑크'라고 불리는 자주색을 즐겨 썼다.

스키아파렐리는 아프리카 미술을 비롯해서 아프리카 전통 음악이나 문양에서 *영감을 받아 옷을 만들고는 했다. 화려한 나비를 주제로 옷을 만들기도 하고, 중국 군복을 본뜨거나 서커스 단원 옷차림을 응용하기도 했다. 스키아파렐리가 만든 옷은 주로 어깨를 넓게 강조해 활동적인 분위기를 자아냈다. 또 밝은 색깔 옷감들은 입은 사람을 무척 화사해 보이게 했다.

스키아파렐리가 만든 자유로운 옷은 세련되고 점잖아 보이는 코코 샤넬과는 대조적이었다.

"스키아파렐리가 새로 내놓은 디자인 봤어요? 나비가 달린 모자랑 윗도리가 너무 사랑스럽고 아름다워요."

"맞아요, 대담하고 새로워서 마음에 들어요. 코코와는 또 다른 느낌이에요. 호호."

"사실, 코코가 만든 옷들은 좀 단순하고 심심하죠."

귀부인들은 스키아파렐리가 내놓은 새로운 디자인에 열광했다.

---

* **영감** | 창조적인 일에 계기가 되는 기발한 생각이나 자극.

스키아파렐리는 그 여세를 몰아 더 대담하고 모험적인 디자인을 새롭게 내놓았다.

"흥! 백조 모양 단추 덮개에 입술 모양 주머니라니. 그 따위로 나한테 도전을 하겠다고? 어림도 없지. 어디 해볼 테면 해 봐. 순순히 이 자리를 내줄 거라고 생각했다면 큰 착각이야. 암, 그렇고말고."

코코 샤넬은 험하게 말을 내뱉었다. 하지만 마음을 굳게 다잡고 있었다. 비록 지금은 자신이 최고이지만, 언제라도 내려갈 수 있다는 사실을 잘 알고 있기 때문이었다.

아무리 그동안 코코 샤넬과 친분을 쌓은 고객이라도 옷이 마음에 들지 않으면 사지 않을 것이 분명했다. 그것은 코코 샤넬도 마찬가지였다.

'아는 사람이기 때문에 내가 만든 옷을 사 주는 건 원하지 않아. 절대 내 자존심이 허락하지 않아. 나는 디자인으로 사람들을 사로잡을 거야.'

코코 샤넬은 스키아파렐리가 내민 도전장을 기꺼이 받아들였다.

사람들은 코코 샤넬과 스키아파렐리 사이에 벌어진 대결을 흥미진진하게 지켜보았다.

"스키아파렐리가 제아무리 대단해도 코코 샤넬을 따라잡을 수 있겠어요?"

"무슨 소리예요? 스키아파렐리가 만든 옷들은 봄볕처럼 화사해요. 입으면 기분이 좋아지는걸요."

"이번 작품 발표회가 정말 기다려져요. 올 가을 유행은 누구 옷이 될지 말이에요."

"누구 작품이 더 빼어날까요?"

계절이 바뀔 때마다 패션 흐름은 단연 이야깃거리가 되었다. '코코 샤넬이냐? 스키아파렐리냐?' 하고 내기를 거는 사람들도 있었다.

"흥, 코코 샤넬 이름 옆에 스키아파렐리를 나란히 놓다니! 디자인이 무엇인지 제대로 보여 주지."

코코 샤넬이 입술을 앙다물었다. 투지가 타올랐다. 이마에 패인 주름이 순간 꿈틀거렸다.

그러던 어느 날이었다. 이른 아침, 언제나처럼 코코 샤넬은 '메종 샤넬'로 향했다.

고급 승용차가 '메종 샤넬' 앞에서 천천히 멈추어 섰다. 운전 기사가 먼저 내려 문을 열기 위해 뒤 좌석으로 달려갔다. 그런데 문을 열지 못하고 머뭇거렸다.

"멀뚱히 서서 뭐 하는 거죠?"

코코 샤넬이 창문을 열고 매섭게 물었다.

"저……. 사장님. 다시 돌아가시는 게 좋겠습니다."

운전 기사가 조심스레 말했다.

"무슨 큰일이라도 났나요?"

코코 샤넬이 신경질적으로 차에서 내렸다. 그런데 한 발자국 걷기도 전에 자리에서 멈추어 섰다. 코코 샤넬은 진열장에 전시된 마네킹처럼 꼼짝도 하지 않았다. '메종 샤넬' 현관 앞에 나붙은 종이 때문이었다.

*점거되었음

"점거? 점거라니!"
깜짝 놀란 코코 샤넬이 소리쳤다.
오십 명이 넘는 직원들이 굳은 얼굴로 코코 샤넬을 쳐다보았다. 잠시 정적이 흘렀다.

---

* **점거** | 어떤 장소를 차지하여 자리를 잡음.

"우리는 정당한 권리를 주장하는 것입니다."

몰려 있던 직원 가운데 한 사람이 나섰다.

"우리는 휴가와 사십 시간 근무제를 요구하는 바입니다. 유럽 다른 나라에서는 이미 시행하고 있습니다."

"그래서 지금 *파업이라도 하겠다는 건가?"

코코 샤넬이 화를 억누르며 물었다.

"사장님이 우리들 요구를 받아들여 줄 때까지 모든 일을 멈출 것입니다."

"이런 괘씸한!"

코코 샤넬은 몸을 부들부들 떨었다.

여기저기서 노동자들이 갖가지 조건을 내세우며 파업하는 것을 코코 샤넬도 잘 알고 있었다. 하지만 설마 '메종 샤넬' 직원들이 들고일어날 것이라고는 짐작도 하지 못한 것이었다.

"비켜 서."

"들어가실 수 없습니다."

직원들이 막아섰다.

---

* **파업** | 회사 뜻에 반대하거나 원하는 것이 있는 사원들이 일을 하지 않는 것.

코코 샤넬은 얼굴이 벌겋게 달아올랐다. 하지만 돌아설 수밖에 없었다.

"휴가라고? 이미 오래전부터 휴가를 줬잖아. 해마다 보름씩 별장에서 쉬게 해 주고, 임금도 똑같이 주었다고!"

"직원들이 요구하는 건 휴가뿐만이 아닙니다."

변호사가 침착하게 말했다. 변호사는 '메종 샤넬'이 점거되었다는 소식을 듣고 막 달려온 터였다.

"이해할 수 없어. 나는 할 만큼 했어. 파업에 참여한 직원들을 모두 해고해 버려."

코코 샤넬은 분노로 몸을 떨었다. 그날 일로 모두 삼백 명이 해고되었다. 하지만 아무것도 달라지지 않았다.

그로부터 두 달이 지날 때까지 협상은 제대로 이루어지지 않았다.

"사장님, 그러면 회사에 타격이 너무 큽니다. 직원들 요구를 받아들이셔야 합니다."

변호사가 말했다.

"결국 그래야 되겠지. 세상이 변하고 있으니까."

코코 샤넬은 잠시 생각에 잠겼다. 그러고는 천천히 입을 열었다.

"알겠어요. 직원들 요구를 받아들여요. 시대가 요구하면 회사도 바

뛰어야지. 지금도 파업한 직원들을 생각하면 괘씸하지만, 세상이 변하고 있으니까 같이 앞으로 나아갈 수밖에. 아, 그리고 더 이상 '메종 샤넬'은 내 것이 아니에요. 또다시 이런 일로 골머리를 앓기는 싫거든. 나는 일을 할 수만 있으면 돼."

긴 파업이 끝났다. 코코 샤넬은 회사 소유권을 내놓고, 달마다 월급을 받는 사장이 되었다.

여름이 막바지로 치닫고 있었다.

"이런, 가을 발표회가 코앞에 닥쳤어. 스키아파렐리만 신났군. 이대로 승승장구하게 둘 수는 없지."

코코 샤넬이 달력을 바라보며 중얼거렸다.

"일 초도 머뭇거릴 시간이 없어. 지금도 스키아파렐리는 옷을 만

들고 있을 테니까."

코코 샤넬은 오랜만에 일에 빠져들었다. 입가에 웃음이 절로 맴돌았다.

'메종 샤넬'은 다시 활기를 띠었다. 코코 샤넬이 만든 새로운 작품들 때문에 더욱 그랬다. 새로운 디자인은 여태까지와는 분위기가 사뭇 달랐다. 시원스럽고 단순했던 디자인이 우아하고 화사하게 바뀌었다.

직원들은 탄성을 내지르는 동시에 고개를 갸웃거렸다.

"그동안 사장님이 만든 옷들과는 전혀 다른 느낌이야."

"시대가 변했으니까 패션도 변해야지. 항상 같은 자리에 있는 건 없어."

코코 샤넬이 말했다. 마치 직원들 마음을 들여다본 것 같았다.

"시간이 없어. 서둘러."

코코 샤넬은 풍부한 상상력을 유감없이 발휘했다. 부풀린 어깨, 주름을 잡아 불룩한 소매, 꽉 조인 허리, 허리 밑에 주름 장식이 있는 벨벳 옷, 빳빳한 조끼, 우아함과 실용성을 모두 갖춘 *트위드 투피스까지 모든 게 새로웠다.

하지만 새로운 디자인 가운데서 다른 무엇보다 눈에 띄는 것은 어깨를 드러내고, 허리 뒤에 받침을 대 치맛자락이 멋스럽게 퍼진 드레스였다.

코코 샤넬은 분초를 아끼며 일에 몰두했다. 때때로 끼니를 잊기도 했다.

드디어 가을 발표회 날이었다.

패션계는 흥분으로 발칵 뒤집혔다.

"역시, 코코 샤넬 명성은 헛된 게 아니군요."

"코코! 드레스가 너무 낭만적이에요."

한 부인이 코코 샤넬에게 다가왔다.

"부인! 이 드레스에는 장미꽃이나 치자꽃 장식을 하면 더 잘 어울

---

* **트위드** | 굵은 양모를 써서 거칠게 짠 직물.

린답니다."

코코 샤넬이 부드럽게 웃으며 조언을 했다.

"코코! 그럼 이 드레스에는 어떤 장식을 하면 좋을까요?"

옆에 있던 다른 부인이 물어 왔다.

"리본과 매듭으로 장식한 모자를 써 보세요. 훨씬 우아하게 맵시가 날 거예요."

코코 샤넬은 승리를 확신하듯 웃음 지었다. 코코 샤넬이 새로운 디자인을 발표하는 순간, 승부는 이미 판가름이 났다. 사람들 입에서 스키아파렐리 이름이 쏙 들어갔던 것이다. 물론 다른 디자이너들 이름도 마찬가지였다.

코코 샤넬은 여전히 최고였다.

시크릿 포인트 7 Secret Point

용기 있게 변화를 받아들여라

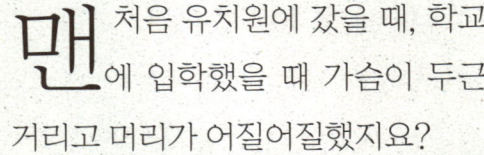

맨 처음 유치원에 갔을 때, 학교에 입학했을 때 가슴이 두근거리고 머리가 어질어질했지요?

새로운 친구들과 선생님, 어려운 교과서, 낯선 환경 때문에 겁이 덜컥 났을 거예요. 변화 앞에서는 머뭇거리게 되요.

그것은 어른도 마찬가지지요. 두렵고 무서운 생각이 드는 건 똑같아요. 그렇다고 도망치면 앞으로 한 발자국도 나아가지 못해요.

코코 샤넬은 직원들이 파업을 하는 청천벽력 같은 상황에 맞닥뜨렸

　어요. 동시에 수많은 디자이너들이 새로운 옷으로 도전을 해 왔지요. 코코 샤넬은 달아나는 대신 과감하게 부딪쳐서 헤쳐 나갔어요. 자기 고집을 꺾고 시대에 맞게 과감하게 디자인을 바꾸었어요. 그리고 자신이 여전히 최고라는 사실을 온 세계에 알렸어요.

　여러분은 자라면서 수많은 변화를 겪게 될 거예요. 그것은 싫어하는 일일 수도 있고, 좋아하는 일일 수도 있어요. 흥분으로 가슴이 두근거리기도 하고, 공포로 몸이 바짝 오그라들기도 할 거예요. 짝꿍이 바뀌거나, 전학을 가거나, 갑자기 반장이 되어 친구들 앞에 서야 할 때가 생길 수도 있지요. 그럴 때는 심호흡을 크게 한 번 해 봐요. 그리고 성큼 첫발을 내딛어요. 씩씩하고 당당하게 맞서 받아들여요. 물론 어렵고 힘들겠지만, 그건 어른이 되어도 마찬가지니까요. 그리고 한 번 시작하면 그 다음은 조금 쉬워질 거예요. 그리고 한 번 더 하면 조금 더 쉬워지지요. 그렇게 한 발씩 나아가는 거예요.

8 십오 년 동안의 긴 휴식

전쟁이 끝났지만, 코코 샤넬은 다시 의상실을 열 수 없었다.
'이런 어처구니없는 일이 생기다니 믿을 수가 없군.'
코코 샤넬은 쓴웃음을 지었다. 그리고 프랑스를 떠났다.
사람들에게 잊혀지기 위해서 '메종 샤넬'과
그동안 자신이 만든 모든 작품들을 놓아 버렸다.

또다시 전쟁이 일어났다. 제이 차 세계 대전이었다. 1939년 가을, 선선한 바람이 부는 날에 남자들은 하나 둘씩 전쟁터로 떠났다.

캉봉 거리에 있는 '메종 샤넬'도 문을 닫았다.

"지금은 드레스를 만들 때가 아니야. 사람들이 드레스를 입는 시대는 지났어."

코코 샤넬은 향수와 액세서리 상점만 열어 둔 채 의상실을 모두 닫았다. 코코 샤넬을 따라잡으려고 애쓰던 다른 디자이너들에게는 반가운 소식이었다. 너도나도 '메종 샤넬' 폐업으로 해고된 직원들을 고용했고, 코코 샤넬이 만든 옷을 입던 손님들을 데려오느라 바빴다.

전쟁은 본격적으로 치달았다.
프랑스 군대는 맥없이 졌고, 수백만 명이 남쪽으로 피난을 갔다. 파리는 독일 군 차지가 되었다.
"쿨럭, 어디서 불이 났나 보군."
코코 샤넬은 주변을 둘러보았다. 멀리 시커먼 연기가 피어올랐다. 낮인데도 밤처럼 깜깜했다. 텅 빈 거리에 이따금씩 사이렌 소리만 울려 퍼졌다.
"아름답고 생동감 넘치던 파리가 정말 못쓰게 됐군. 쯧쯧."

코코 샤넬은 천천히 머물던 호텔로 걸음을 옮겼다. 호텔 정문 앞에 서는 군인 두 명이 무장한 채 보초를 서고 있었다.

"누구요? 들어갈 수 없소."

오른쪽에 서 있던 군인이 막아섰다.

"코코 샤넬이에요."

코코 샤넬이 담담하게 말했다.

"당신은 여기서 머물 수 없소. 짐은 우리가 벌써 다 옮겼소."

"알겠어요."

코코 샤넬이 막 돌아서려는 찰나였다. 그 모습을 지켜보던 독일군 장교가 다가왔다.

"당신이 그 유명한 디자이너 코코 샤넬이오? 만약 그렇다면 호텔에 머물러도 좋소."

코코 샤넬은 가볍게 감사를 표시했다.

파리는 조용했다. 의상실을 닫은 코코 샤넬은 한가한 하루하루를 보냈다. 책을 읽거나 노래를 배우기도 했지만, 남아도는 시간을 주체할 줄을 몰랐다. 따분하고 무료한 나날이 계속되었다.

"하루가 너무 길군."

아무것도 하지 않으면서 지내는 건 코코 샤넬에게 큰 고통이었다.

다른 디자이너들이 활발하게 활동하는 모습을 보면 더욱 그랬다.

"의상실 문을 닫은 건 실수였어. 앞으로 '메종 샤넬'을 찾는 고객이 없어질지도 몰라."

코코 샤넬은 후회했다.

"어리석게도 일을 하지 않고 지낼 수 있을 거라 생각하다니! 바보 같은 짓을 했어. 하지만 내 결정이었으니 결과도 감수해야지."

코코 샤넬은 애써 마음을 다잡았다.

그러던 어느 날이었다. 전쟁에 나갔던 조카 앙드레가 독일 군에게 잡혀 있다는 소식이 들려왔다. 코코 샤넬은 안절부절못하며 방 안을 맴돌았다.

"맙소사, 앙드레가 포로가 되었다고? 그 애는 언니처럼 몸이 약한데……. 수용소는 난방이 안 될 거야. 무슨 수를 써야 해. 제대로 먹지도 못하고 죽을지도 몰라."

코코 샤넬은 종종거리며 무엇이든 생각해 내려고 애썼다.

"아, 그 사람이라면 도와줄 수 있을지도 몰라."

코코 샤넬은 독일 외교관 한스를 찾았다.

"한스, 부탁해요. 많이 아픈 아이예요. 우리 앙드레가 무사히 살아 나올 수 있게 도와주세요."

"물론이지요. 코코, 당신 부탁이라면 있는 힘껏 돕겠습니다."

한스는 활발하고 재치 있는 사람이었다. 코코 샤넬은 훤칠한 키에 얼굴도 잘생긴 한스와 종종 어울렸다. 하지만 이내 사람들 입에 오르내렸다.

"코코! 한스는 독일 사람이에요. 독일은 우리나라와 전쟁을 벌이고 있다고요. 독일 사람과 만나다니 생각이 있는 거예요?"

"체면을 지켜야지요. 코코."

사람들은 걱정을 하기도 하고, 대놓고 *면박을 주기도 했다.

"흥, 당치도 않은 말로 사람을 우습게 만들다니! 사람이 사람을 만나는 건 자연스러운 거야."

코코 샤넬은 사람들이 하는 말을 무시했다.

하지만 사람들이 하는 걱정은 곧 현실로 드러났다.

전쟁이 끝나고, 독일 군이 파리에서 모두 물러난 어느 오후였다. 코코 샤넬이 머무는 호텔 앞, 큼지막한 권총을 찬 두 남자가 검정 자동차에서 훌쩍 내렸다.

그들은 재빨리 호텔 안으로 뛰어 들어갔다. 그러고는 잠시 뒤 코코

---

* **면박** | 보고 있는 앞에서 꾸짖거나 나무람.

샤넬을 양쪽에서 붙잡고, 다시 호텔을 빠져나왔다. 창백하게 질린 코코 샤넬은 검정 자동차에 강제로 실렸다. 그리고 독일 군과 정보를 주고받은 적이 있는지 조사를 받았다. 코코 샤넬은 곧 풀려났지만, 분해서 얼굴이 푸르락누르락했다.

"가당치도 않아. 내가 프랑스를 배신했다고? 독일 사람을 아는 것이 죄란 말이야? 독일 사람한테는 옷 한 벌도 팔지 않은 나라고. 그런데 감히……."

코코 샤넬은 화가 머리끝까지 났다. 하지만 어쩔 도리가 없었다. 이미 사람들 머릿속에 코코 샤넬이 독일 군 때문에 조사를 받은 일이 자리를 잡아 버린 것이다. 그것이 사실인지 거짓인지는 중요하지 않았다. 코코 샤넬과 절친했던 사람들이 하나 둘 떨어져 나갔다.

전쟁이 끝났지만, 코코 샤넬은 다시 의상실을 열 수 없었다.

'이런 어처구니없는 일이 생기다니 믿을 수가 없군.'

코코 샤넬은 쓴웃음을 지었다. 그리고 프랑스를 떠났다. 사람들에게 잊혀지기 위해서 '메종 샤넬'과 그동안 자신이 만든 모든 작품들을 놓아 버렸다.

코코 샤넬은 스위스에 별장을 사고, 그곳에서 조용히 숨어 지냈다. 별장이 있는 언덕은 아름다운 곳이었다. 시내가 내려다보이는 전망대가 있고, 알프스 산맥이 한눈에 들어왔다.

코코 샤넬은 세상에서 가장 부유한 여자들 가운데 한 사람이었지만, 이곳에서는 그저 예순이 넘은 늙은 여자일 뿐이었다.

창밖을 내다보던 코코 샤넬이 길게 한숨을 내뱉었다.

'나는 지금 무엇을 하고 있는 거지? 아무것도 하지 않는 게 이렇게 피곤하다니.'

코코 샤넬은 평온한 일상이 너무 힘들었다. 멍하니 산책을 하거나 나무 그루터기에 앉아 느리게 가는 시간을 견뎌 내려고 애썼다.

"무엇이라도 해야지 안 되겠어. 이러다가는 흔적도 없이 사라지고 말 거야. 아무도 코코 샤넬을 기억하지 못하겠지."

코코 샤넬은 *자서전을 쓰기로 마음먹었다. 그렇게라도 자신이 살아 있다는 사실을 확인하고 싶기 때문이었다.

얼마 뒤 코코 샤넬은 소설가 루이즈 빌모랭을 만났다.

"내 자서전을 대신 써 주었으면 해요. 내가 이야기하는 것을 재미있고 흥미로운 이야기로 다듬어 주면 돼요. 독자들이 깜짝 놀랄 만한 이야기로요."

---

* **자서전** | 작가가 자기 일생을 소재로 스스로 짓거나 남이 자신의 이야기를 한 것을 듣고 쓴 전기.

코코 샤넬은 자기 이야기가 특별하기를 바랐다.

코코 샤넬은 불우한 어린 시절을 모두 빼 버렸다. 부모님을 부자로 만들었고, 수도원 이야기도 뺐다. 그렇게 쓰여진 자서전은 멋지고 훌륭했다. 하지만 어떤 출판사에서도 코코 샤넬 이야기를 원하지 않았다. 시련도 아픔도 없는 멋지기만 한 자서전에서는 감동과 매력을 전혀 느낄 수 없기 때문이었다.

코코 샤넬은 그저 자신의 찬란했던 과거를 되짚어 보는 데 그쳤을 뿐이었다.

파리에서 다른 디자이너들의 성공 소식이 들려올 때면 코코 샤넬은 참을 수 없이 비참한 심정이 되었다.

마르셀 부사크, 크리스티앙 디오르에게 육천만 프랑 투자 결정
크리스티앙 디오르, 아름다운 이브닝 드레스 발표
코르셋으로 조인 날씬한 허리와
풍만한 가슴의 복고풍 드레스 부활

'메종 샤넬'을 찾던 단골 고객과 파리의 명사들이 크리스티앙 디오르에게 아낌없는 찬사를 보냈다. 패션 잡지 기자들은 복고풍 드레스를

'뉴룩'이라 부르며 앞 다투어 기사를 써 댔다.

코코 샤넬은 자신이 파리에서 했던 마지막 발표회를 떠올렸다. 벌써 구 년 전이었다.

가슴에 통증이 일었다.

"뉴룩은 오래가지 못해. 전쟁 동안 단순하고 우울한 옷을 입던 여자들이 화려함에 잠깐 정신이 팔린 거야. 망사나 *모슬린이 몇 마씩 필요한 무거운 드레스를 입고 여자들이 얼마나 버틸 수 있겠어? 금방 싫증을 내고 말 거야. 암, 그렇고말고."

코코 샤넬이 중얼거렸다.

코코 샤넬은 파리가 그리웠다. 생기 있는 도시와 분주한 의상실과 코코 샤넬이 만든 옷을 찾던 사람들……. 무엇보다 마음껏 일했던 그 순간들로 되돌아가고 싶었다.

이제 스위스에서 볼 수 있는 아름다운 풍경은 코코 샤넬을 조금도 위로하지 못했다. 상쾌한 숲은 코코 샤넬을 옥죄는 보이지 않는 감옥이나 마찬가지였다.

참고 견디는 시간은 점점 길어졌다.

---

* **모슬린** | 얇고 보드랍게 짠 모직물.

한 달, 두 달, 일 년, 이 년, ……십오 년.
장장 십오 년이라는 세월이 흘렀다.
"내가 파리를 떠나온 지 벌써 십오 년이나 되었군. 몸에 곰팡이가 필 정도로 따분하고 지루한 세월이었어. 더 이상은 참을 수 없어. 이젠 때가 됐어."
코코 샤넬은 자신이 조사를 받은 원인이 된 독일 외교관 한스를 떠올렸다. 헛웃음이 나왔다.

"이제 사람들은 한스를 잊었겠지? 물론 코코 샤넬도 잊었을 거야.
하지만 나는 아무것도 잊지 않았어. 여전히 *건재하다고!"
코코 샤넬은 천천히 기지개를 켰다.
그리고 짐을 꾸려 파리로 향했다.

---

* **건재** | 힘이나 능력이 줄어들지 않고 여전히 그대로 있음.

시크릿 포인트 8
Secret Point

행동에 따른 결과를 책임져라

친구가 애써 그린 그림에 모르고 물을 엎지른 적이 있나요? 친구 이야기를 다른 사람한테 했는데 이야기가 사실과 다르게 퍼져서 곤란을 겪거나, 무심코 주머니에 있는 돈으로 군것질을 하고는 학교 준비물을 사지 못해서 당황했던 적은요? 아마 성급한 판단이나 작은 실수 때문에 곤란한 상황을 겪어 보았을 거예요.

때때로 그런 상황은 예상치 못한 큰 결과를 불러일으

키기도 해요. 하지만 실수로 저질렀든 오해로 빚어졌든 모두 나로 인해 생긴 일이라면 마땅히 감수하고 받아들여야 해요.

"일부러 그런 게 아니야.", "그건 오해야. 내 생각은 그게 아니었어."라는 말로 잘못이 없어지지는 않으니까요.

코코 샤넬은 전쟁이 일어나자마자 의상실 문을 모두 닫았어요. 독일 인과 서슴없이 만나기도 했지요. 코코 샤넬은 곧 자기 판단이 잘못되었다는 것을 깨달았지만 어쩔 도리가 없었어요. 결과가 힘들고 고통스러워도 받아들이는 수밖에요. 코코 샤넬은 스스로가 한 행동에 책임을 지기 위해 십오 년이라는 길고 긴 세월을 참고 견뎠어요.

'단지 실수였을 뿐인데, 내 마음은 그게 아닌데.' 라고 생각하면 억울하기도 하지요. 하지만 조금만 바꾸어 생각해 보아요. 내가 저지른 일에 책임을 지는 것이 바로 어른이 되는 것이라는 걸 금방 깨닫게 될 테니까요.

9 화려하게 복귀하다

"십오 년 동안 지겹게 쉬었어. 가만히 있느니
차라리 실패하는 편이 나아. 의상실을 다시 여는 건
내가 다시 태어나는 것과 같아. 할머니면 어때?
도전은 여전히 짜릿한걸. 나는 기꺼이 도전하고 싸울 거야.
두고 봐. 다시 최고가 될 테니까."

"**오랜만입니다.** 그동안 잘 지내셨지요?"

향수 동업자 피에르 베르타이머가 먼저 인사를 건넸다. 코코 샤넬이 빙그레 웃었다. 일흔이 넘은 코코 샤넬 얼굴에 오랜만에 화색이 돌았다.

"베르타이머, 이제 일을 시작해야지요. 새 향수를 만들어 볼까 하는데 생각이 어때요?"

향수 샤넬 넘버 5는 여전히 높은 인기를 얻고 있었다. 코코 샤넬은 우선 안정적인 향수 사업부터 손을 대고자 했다.

베르타이머가 잠시 망설였다.

"아주 좋은 아이디어가 아니면 곤란해요. 신제품에는 광고비도

많이 들고, 성공하기가 쉽지 않아요. 다른 회사에서도 여러 번 향수를 내놓았지만 결과가 좋지 않았거든요. 향수는 품질만으로 승부를 내기가 힘들어요."

코코 샤넬이 고개를 끄덕였다.

'그래, 섣불리 덤벼드는 건 위험해. 그래도 포기할 수는 없지. 무엇부터 시작하는 게 좋을까?'

코코 샤넬은 패션계 동향을 살펴보았다. 디오르가 만든 뉴룩이 여전히 인기를 끌고 있었다.

"한심하군. 얼마나 더 고래 뼈로 여자 몸을 조여야 직성이 풀릴 거야? 저런 거추장스러운 옷을 입고 어떻게 밥을 먹고, 차를 탈 수 있는지 알 수가 없군. 디오르는 옷 속에 여자들이 있다는 걸 까먹은 게 틀림없어."

코코 샤넬이 고개를 가로저었다. 패션 잡지를 볼 때면 울화통이 치밀었다.

"맙소사! 올해는 머리가 작은 사람이나 옷을 입을 수 있겠군. 아이들 옷도 아니고……. 주먹만 한 구멍에 머리를 들이밀어야 들어갈 듯 말 듯 하잖아."

코코 샤넬이 보고 있던 패션 잡지를 던져 버렸다.

"남자들이 보기에만 좋은 옷을 만드는 게 문제야. 정작 옷을 입는 여자들을 조금도 생각하지 않고 있어. 바닥을 쓸고 다니는 드레스로도 모자라 마음 내키는 대로 허리선을 올렸다 내렸다 하다니, 정말 어처구니가 없어. 이러니 실용적인 미국 여자들이 프랑스 옷을 외면하는 게 당연하지."

코코 샤넬이 혀를 끌끌 찼다.

코코 샤넬은 커다란 미국 시장을 항상 눈여겨보았다. 그리고 어느 날 불쑥 미국행 비행기를 탔다. 직접 시장 분위기도 알아보고, 기분 전환도 할 겸 친구네 집에 가기로 한 것이었다. 코코 샤넬은 미국 뉴욕에 있는 친구 마기네 집에 몇 주 동안 머물렀다.

그 무렵 마기네 집은 흥분으로 들떠 있었다. 딸 마리가 유명한 무도회에 초대를 받아서였다.

마리가 드레스를 차려입고, 코코 샤넬에게 달려갔다. 한때 쟁쟁했던 코코 샤넬 명성을 어머니로부터 익히 들어 알고 있던 터였다.

"무도회에 입고 갈 드레스예요. 어떠세요?"

마리가 수줍게 물었다.

"마리, 도대체 어디서 드레스를 산 거니? 너무 볼품없어서 뭐라 해 줄 말이 없구나."

코코 샤넬이 이마를 찌푸렸다.

디자이너 코코 샤넬에게 칭찬을 기대했던 마리는 어쩔 줄 몰랐다. 얼굴이 발개지더니 이내 눈물을 떨어뜨렸다.

"마리, 네가 밉다는 소리가 아니야. 그저 드레스가……."

코코 샤넬은 당황했다. 어떻게든 달래 주려고 애썼지만, 마음에 없는 소리가 나오지 않았다. 그때, 코코 샤넬 눈에 빨간 실크로 만든 커튼이 들어왔다.

"마기, 이 커튼을 좀 떼어 줘. 어서."

코코 샤넬이 커튼을 이리저리 만져 보더니 말했다.

"이 커튼 말이야?"

마기가 어리둥절한 목소리로 되물었다.

코코 샤넬이 대답 대신 웃으며 고개를 끄덕였다. 커튼을 받아 든 코코 샤넬은 그 자리에서 드레스를 만들기 시작했다. 몇 시간 뒤, 근사한 드레스 한 벌이 완성되었다.

"미안하구나, 마리. 이 드레스면 네 기분이 좀 풀리겠니?"

코코 샤넬이 빨간 드레스를 마리 몸에 댔다. 마기도 마리도 눈이 휘둥그레졌다.

"아줌마, 너무 아름다워요. 고맙습니다."

마리는 빨간 드레스를 입은 채 거실을 빙글빙글 돌았다.
"코코, 왜 다시 일을 하지 않는 거야? 네 솜씨는 여전히 최고야!"
마기가 소리쳤다.
얼마 뒤 코코 샤넬은 일흔한 번째 생일을 맞았다. 젊은 시절 팽팽했던 얼굴에는 주름이 지고, 흰머리도 희끗희끗 돋아 있었다.
"지금부터 '메종 샤넬' 명성을 다시 찾아야겠어."
코코 샤넬이 생일 케이크를 한 입 먹으며 말했다.

"할머니가 주책이군. 코코, 네 나이를 생각해. 남들은 모두 하던 일도 접고 있다고."

친구들이 놀리며 웃었다.

"왜 사서 고생을 하려는 거야? 이미 돈은 충분하잖아. 실패하면 어쩌려고 그래?"

"십오 년 동안 지겹게 쉬었어. 가만히 있느니 차라리 실패하는 편이 나아. 의상실을 다시 여는 건 내가 다시 태어나는 것과 같아. 할머니면 어때? 도전은 여전히 짜릿한걸. 나는 기꺼이 도전하고 싸울 거야. 두고 봐. 다시 최고가 될 테니까."

코코 샤넬은 '메종 샤넬'을 다시 열기로 결심했다. 일흔 살이 넘었지만, 코코 샤넬은 여전히 행동이 빨랐다. 순식간에 별장을 팔아 치우고, 캉봉 거리에 작업실 두 개를 마련했다. 그리고 직원 칠십 명을 뽑았다.

곧 코코 샤넬이 패션계에 복귀했다는 소문으로 프랑스가 술렁였다. 모든 디자이너들이 코코 샤넬을 지켜보았다.

1954년 이월, 드디어 코코 샤넬 복귀 발표회 날이었다. 코코 샤넬은 오랜만에 긴장했다. 발표회가 끝날 때까지 무대 뒤에 서서 사람들이 보이는 반응을 살폈다.

하지만 발표회는 참담하게 막을 내렸다.

분위기는 썰렁하기 그지없었다. 박수를 치는 사람은 손에 꼽을 정도였고, 언론은 끔찍할 정도로 냉담했다.

코코 샤넬 복귀 발표회, 유행에 뒤쳐져 한심하기 짝이 없다.
뉴룩의 아성에 조금도 영향을 끼치지 못하다.

투자자와 동업자들은 당황했다. 경쟁 디자이너들은 안도하는 한숨을 쉬었고, 친구들은 코코 샤넬을 위로하느라 바빴다. '메종 샤넬'에는 손님들 발길이 뚝 끊어졌다. 하지만 코코 샤넬은 침착하고 냉정했다.
"자, 다음 발표회를 준비하지. 손님이 없어서 심심하긴 하지만, 차라리 잘됐어. 좀 더 넓은 작업실이 필요했거든."
코코 샤넬은 재치 있는 말솜씨로 불안해하는 직원들을 안심시켰다. 그리고 굽혔던 허리를 폈다.
며칠이 지나고 늦은 밤, 베르타이머가 찾아왔다.
"여기 있을 줄 알았어요. 너무 무리하지 말아요."
베르타이머가 기진맥진한 코코 샤넬을 걱정스레 바라보았다. 손이 온통 바늘 자국 투성이였다.

"맙소사, 손이 바늘꽂이 같군요. 안 되겠어요. 일 이야기를 하러 왔는데 다음으로 미룹시다. 그리고 좀 쉬어요."

베르타이머가 억지로 코코 샤넬을 의상실에서 끌어냈다. 호텔 앞까지 왔을 때였다. 코코 샤넬이 갑자기 걸음을 멈추더니 돌아섰다.

"고마워요. 잠시 멍해서 할 일을 잊고 있었어요."

코코 샤넬은 왔던 길을 되돌아가기 시작했다. 베르타이머는 코코 샤넬을 막을 수 없다는 것을 알았다.

코코 샤넬은 다시 작업대에 섰다. 안경을 고쳐 쓰고, 줄에 매단 가위를 목에 걸었다. 그리고 조심스레 바늘을 들었다.

"자유롭게 움직일 수 있어야 진짜 우아한 옷이야. 입고도 벗은 것 같은 느낌일 때, 완벽하게 만들어진 옷이라고."

코코 샤넬이 중얼거렸다. 새벽이 밝아 오고 있었다.

코코 샤넬은 소신대로 하나씩 옷을 만들어 갔다. 여자 입장에서, 옷을 입을 사람을 먼저 생각하는 마음으로 한 땀씩 바느질을 했다.

감색 저지 투피스, 검정 매듭 단추가 달린 흰 블라우스, 리본이 하늘거리는 작은 밀짚모자, 모두 여성의 아름다움을 살리면서도 활동적이고 편안한 디자인이었다.

코코 샤넬이 보인 감각과 정성은 조금씩 사람들 마음을 움직이기 시작했다. 작품 발표회가 있은 뒤, 미국인들이 하나 둘 '메종 샤넬'을 찾았다. 프랑스 사람들이 모두 외면하고, 혹평을 퍼부은 그 옷들을 주문하기 위해서였다.

패션잡지 「보그」의 기자 베티나 발라드도 그 가운데 한 사람이었다. 발라드는 코코 샤넬이 만든 옷에 흠뻑 빠져 「보그」에 무려 네 장이나 기사를 실었다. 그리고 주저 없이 코코 샤넬을 찾는 고객이 되었다.

"내 나이보다 십 년은 젊어 보이는걸? 정말 상큼해요."

코코 샤넬이 만든 옷을 입은 발라드가 흡족하게 웃었다.

코코 샤넬은 그 여세를 몰아 미국에서 발표회를 열었다. 천오백여 명이나 되는 패션계 인사들이 모였다.

결과는 놀랍게도 대성공이었다. 발표회는 프랑스에서 있었던 참담한 결과를 완벽하게 뒤집었다. 사람들은 코코 샤넬이 보여 준 직업 정신을 극찬했다. 옷을 입을 여성을 먼저 생각하고, 아름다움과 자유로움을 모두 갖추고자 한 코코 샤넬 마음이 전해진 것이었다.

미국 발표회에서 거둔 성공은 프랑스에 신선한 충격이었다. 디오르가 내놓은 뉴룩에 푹 빠져 있던 사람들이 달라졌다. 그리고 군중에 휩쓸려 코코 샤넬을 외면했던 사람들도 진지하게 코코 샤넬이 만든 옷을 다시 보기 시작했다.

사람들이 코코 샤넬의 진짜 실력을 확인하는 데는 그리 오랜 시간이 걸리지 않았다. 코코 샤넬의 옷은 또다시 엄청난 파도처럼 사람들을 덮쳤다. '코코 스타일'이 돌아온 것이다.

여자들은 하나 둘 허리를 조이는 거추장스러운 옷을 벗어 던졌다. 일흔세 살, 늙은 디자이너 코코 샤넬은 다시금 세계 패션계를 장악했다.

마지막까지 자신을 믿어라

여러분은 '목소리 큰 사람이 이긴다.' 는 말을 들어본 적이 있나요? 누가 맞고 틀리고, 누가 옳고 그르고를 떠나서 크게 소리치는 사람 말에 모두들 따라간다는 뜻이에요. 자신감 있고 당당한 모습에 이끌려 가는 것이지요. '아, 저 사람 말이 맞구나. 그러니까 저렇게 크게 말할 수 있구나.' 하고요. 내가 알고 있는 것이 맞는데도 불구하고, '이게 아닌가?' 하고 고개를 갸웃거리게 되지요. 코코 샤넬은 모두가 아니라고 했지만, 자기 생각을 끝까지 굽히지 않았어요. 크리스티앙 디오르가 만든 '뉴룩' 을 보면서 고개를 설레설레 저었지요. 코코 샤넬은 자유롭게 움직일 수 있어야 진짜 우아한 옷이라고 생각하고, 그것이 옳다고 굳게 믿었어요. 그리고 소신대로 밀고 나가 마침내 성공했지요.

이것은 코코 샤넬이 스스로를 믿는 힘이 있었기 때문에 가능한 결과였어요.

　내가 나를 믿지 못하면 아무도 나를 믿지 못해요. 모두가 '예.'라고 하더라도 여러분 생각이 다르다면 소신대로 '아니요.'라고 말할 수 있도록 노력해 보아요. '내가 잘 할 수 있을까?', '이게 맞을까?' 하고 고민하다가는 아무것도 시작하지 못해요.

　자, 이제 여러분도 고개를 빳빳이 들고 어깨를 활짝 펴요. 그리고 자신을 믿어 보아요. 스스로를 믿는 마음은 어떤 어려운 일이 닥쳐도 헤쳐나갈 수 있는 든든한 힘이 될 테니까요.

10 아름다운 마지막 모습

코코 샤넬이 당당한 걸음걸이로 시상식 장에 들어섰다.
사람들은 일흔 살이 훌쩍 넘었어도 여전히 우아하고
아름다운 코코 샤넬에게 박수갈채를 보냈다.
기자들이 코코 샤넬 둘레로 몰려들었다.
여기저기에서 질문이 쏟아졌다.

새벽 두 시, 작업대에 서 있는 모델이 휘청거렸다. 그러고는 졸린 눈을 비비며 마른 숨을 내쉬었다.

"교대."

코코 샤넬이 짧게 말했다.

모델이 소파에 털썩 주저앉았다. 대기하고 있던 다른 모델이 코코 샤넬 앞에 섰다.

코코 샤넬이 감색 트위드 옷감을 집어 들고, 가위질을 시작했다. 벌써 아홉 시간째였다. 지금까지 모델 세 명이 녹초가 되어 떨어져 나갔지만, 코코 샤넬은 손을 멈추지 않았다. 엄지손가락부터 새끼손가락까지 열 손가락을 빠르게 놀리며 옷감을 자르고, 바느질을 하고, 장식을 달았다.

간간히 물을 마시며 '시간이 없어. 발표회가 코앞이야.' 라고 중얼거릴 뿐이었다.

두 시간이 더 지났다.

코코 샤넬은 마지못해 의상실을 나섰다. 하지만 다음 날 아침 아무 일도 없었다는 듯이 꼿꼿한 자세로 작업실에 서 있었다. 언제나처럼 아름답게 화장을 한 모습이었다.

코코 샤넬은 세계 최고인 디자이너로 패션계를 장악했지만, 그 자리에 만족하지 않았다. 작업실이 한 개일 때나 열두 개로 늘었을 때나 한결같았다. 직접 옷을 만들뿐만 아니라 모든 직원들을 감독하고 가르쳤다.

"아니야, 천을 그렇게 다루면 안 돼. 여기를 꽉 누르고, 이 부분은 느슨하게 잡아. 아니, 줄이는 게 아니라 느슨하게 잡으라고. 명심해. 나는 똑같은 말을 두 번 하지 않으니까."

초보 재봉사가 어깨를 바짝 움츠린 채 겨우 이마에 맺힌 땀을 닦아 냈다. 덩달아 다른 재봉사들 이마에도 땀이 맺혔다.

재봉 주임도 팔을 뻗어 주물렀다. 같은 자세로 몇 시간째 일을 해서 쥐가 난 탓이었다. 그 모습을 본 코코 샤넬이 재봉 주임이 뻗은 팔을 잡아챘다.

"풀어진 상태에서는 아무것도 창조하지 못해. 그러니까 좀 더 힘을 내!"

재봉 주임은 화가 나고 억울했다.

'그만두고 싶어. 코코 샤넬은 너무 냉정해!'

재봉 주임은 수십 번도 더 '메종 샤넬'을 떠나겠다고 다짐했다. 하지만 늘 다짐으로 그쳤다. 작업하는 시간이 괴롭고 힘들어도 코코 샤넬이 내놓은 작품을 보면 떠날 마음이 쏙 들어갔다.

코코 샤넬이 복귀한 뒤 갖는 세 번째 작품 발표회 날이었다.

사람들은 코코 샤넬이 가진 지칠 줄 모르는 창작에 대한 열정에 입을 다물지 못했다. 화려한 파티 드레스와 단정하고 우아한 투피스도 좋았지만 무엇보다 눈길을 끈 것은 두 가지 색으로 디자인 된 구두였다. 코코 샤넬은 구두에서도 빼어난 감각을 아낌없이 드러냈다.

베이지에 검정과 금색을 덧댄 구두는 사람들에게 인기를 독차지했다. 두 가지 색깔로 디자인 해서 발은 작아 보이고, 다리는 길어 보였다.

코코 샤넬이 만든 옷과 장신구들은 인기가 많은 만큼 마구잡이로 *복제되기도 했다.

---

* **복제** | 본디 것과 똑같은 것을 만듦.

디자이너들은 자기 작품이 무더기로 복제되는 것을 끔찍한 전염병처럼 여겼다. 괘씸하고 몰염치하다고 비난하기 일쑤였다. 하지만 코코 샤넬은 달랐다. 오히려 유쾌하게 받아들였다.

"복제는 도둑질이 아니에요. 도둑질은커녕 내 옷을 찬양하는 가장 멋진 찬사지요."

코코 샤넬은 복제가 사랑이라고 생각했다. 그리고 미국 기성복업자들에게 복제할 수 있는 권리를 아예 넘겨 버렸다. 다양한 질과 다양한 가격으로 코코 샤넬풍 디자인이 시장에 쏟아져 나왔다.

이제 고객들은 세계 어디에 살든 코코 샤넬을 쉽게 만날 수가 있었다.

코코 샤넬은 하루하루를 신명 나게 보냈다. 십오 년 동안 쉬었던 날들을 보상이라도 받는 것 같았다.

그러던 어느 날이었다. 재봉 주임이 잔뜩 흥분해서 작업실 문을 박차고 들어왔다.

"사장님, 전화예요. 미국인데……, 사장님이 네, 네이먼 마커스 상을 받게 되었대요. 그 상은 이십 세기 가장 실력 있는 패션 디자이너에게 주는 상이잖아요? 맞죠?"

재봉 주임이 어린아이처럼 폴짝거렸다.

며칠 뒤 코코 샤넬은 큰 여행용 가방을 들고 미국행 비행기에 올랐다. 가방에는 투피스와 드레스가 스무 벌이 넘게 들어 있었다.

코코 샤넬은 늘 긴장감을 유지했다. 화려하게 치장하지 않았지만, 어느 자리에서도 돋보이도록 애썼다.

코코 샤넬이 당당한 걸음걸이로 시상식 장에 들어섰다. 사람들은

일흔 살이 훌쩍 넘었어도 여전히 우아하고 아름다운 코코 샤넬에게 박수갈채를 보냈다.

기자들이 코코 샤넬 둘레로 몰려들었다. 여기저기에서 질문이 쏟아졌다.

"식사는 어떻게 하시나요?"

"아침에는 치자꽃을 먹고, 저녁에는 장미꽃을 먹죠."

"연세는 어떻게 되십니까?"

"그때 그때 달라요."

기자들이 웃음을 터뜨렸다.

코코 샤넬은 기자들을 단박에 사로잡았다. 평범한 질문은 재치 있게 받아쳐 웃음을 자아냈고, 패션에 관하여 말할 때는 꿈을 꾸는 소녀처럼 눈을 반짝거렸다.

어느 해 가을이었다.

코코 샤넬이 뚫어져라 시계를 쳐다보았다.

정각 아홉 시가 되자 분장사 자크 클레망트가 들어왔다.

"좋은 아침입니다."

클레망트가 밝게 인사했다. 코코 샤넬이 옅게 웃음 지었다.

코코 샤넬은 클레망트가 화장해 주는 시간을 기분 좋게 즐겼다. 여든이 넘었지만, 여전히 고운 모습이었다.

코코 샤넬은 자신이 만든 옷을 입고, 모자를 쓰고, 구두를 신었다. 그리고 진주 목걸이를 찾다가 서랍 속에 있는 종이 한 장을 집어 들었다.

나는 파두츠에 있는 '코가 재단'에
내 모든 재산을 물려줄 것이다.
1965년 10월 11일, 가브리엘 샤넬

사 년 전에 자신이 쓴 유언장이었다.

코코 샤넬은 1965년에 '코가 재단'을 세웠다. 코가는 코코와 가브리엘에서 한 자씩 따서 지은 이름이었다. 코코 샤넬은 자신이 벌어들인 막대한 돈이 좋은 곳에 쓰이길 바랐다.

가까이는 조카 앙드레와 늙은 하인들을 비롯해서 가난한 친구들에게 나누어 주었고, 멀리는 젊은 예술가들을 후원하거나 가난하고 어려운 사람들을 도왔다.

코코 샤넬은 유언장을 다시 접어 서랍에 넣었다. 그리고 호텔을 나와 편안한 마음으로 숲 사이로 난 오솔길로 향했다. 나무 사이로 비치는 가을 햇살이 따사로웠다.

코코 샤넬은 낙엽 진 오솔길을 따라 걸었다. 너도밤나무 잎이 지천에 널려 있었다. 코코 샤넬이 천천히 허리를 굽혀 단풍잎 몇 장을 집어 들었다.

"그래, 이게 바로 내가 찾던 색깔이야. 이 단풍잎 색깔 옷감으로 옷을 만들면 정말 멋질 거야. 염색업자한테 똑같은 색깔을 만들어 달라고 해야겠군."

코코 샤넬은 뜻하지 않은 선물을 받은 아이처럼 기뻐했다.

코코 샤넬은 패션계에 여왕처럼 당당하게 군림했지만, 일에 있어서는 언제나 아이같이 순수한 열정을 품었다.

1971년 일월, 리츠 호텔에서 숨을 거둘 때까지…….

시크릿 포인트 10
Secret Point

뜨거운 열정을 가져라

지식이 많은 것, 좋은 아이디어가 많은 것은 아주 중요해요. 하지만 이것을 실천할 열정이 없으면 아무 소용이 없지요. 최신형 자동차가 있지만, 기름이 없어서 달리지 못하는 것과 같아요. 제아무리 좋은 생각이나 지식도 열정이 없으면 아무것도 이루어 내지 못해요. 반대로 열정으로 똘똘 뭉친 사람은 못 해낼 일이 없지요.

코코 샤넬은 열정으로 똘똘 뭉친 사람이었어요. 실패해도 오뚝이처럼 벌떡벌떡 일어서고, 또다시 도전을 했어요. 두 차례 전쟁과 파업이 닥쳐도 굳세게 헤쳐 나갔지요.

재능 있는 디자이너들이 도전을 해 왔을 때에는 기발한 아이디어로 맞섰어요. 사랑하는 가족과 연인이 죽었을 때에는 일에 대한 열정으로 이겨냈고

요. 때론 포기해야 할 때도 있었지만, 쉬지 않는 노력과 끊임없는 열정으로 더 나은 상황으로 나아갔지요. 일흔이 넘은 나이로 하루 서너 시간씩만 자면서 일할 수 있었던 것은 코코 샤넬이 일을 진정으로 사랑했기 때문이었어요. 일에 대한 열정이 힘든 상황도, 피곤한 몸도 활발한 에너지로 바꾸어 준 것이지요. 그리고 마침내 패션계 여왕 자리에 오를 수 있었던 거예요.

　여러분도 열정을 가지고 도전해 보아요. 그리고 실패를 두려워하지 마요. 마음속에 간절히 하고자 하는 일이 있고, 또 노력한다면 여러분의 꿈은 반드시 현실이 될 거예요.

거장들의 시크릿 06
코코 샤넬 – 아름답고 당당하게 세상과 마주 보라

펴낸날	초판 1쇄 2008년 9월 30일
	초판 4쇄 2023년 8월 30일

지은이 김미애
그린이 심춘숙
펴낸이 심만수
펴낸곳 (주)살림출판사
출판등록 1989년 11월 1일 제9-210호

주소 경기도 파주시 광인사길 30
전화 031-955-1350 팩스 031-624-1356
홈페이지 http://www.sallimbooks.com
이메일 book@sallimbooks.com

ISBN 978-89-522-0840-8 74080
978-89-522-0826-2 74080(세트)

※ 값은 뒤표지에 있습니다.
※ 잘못 만들어진 책은 구입하신 서점에서 바꾸어 드립니다.